LEITURAS **L F** FILOSÓFICAS

COSTANTINO ESPOSITO

O NIILISMO DE NOSSO TEMPO
Uma crônica

Tradução:
Enio Paulo Giachini

Edições Loyola

Título original:
Il nichilismo del nostro tempo – Una cronaca
© 2021 by Carocci editore, Roma
Corso Vittorio Emanuele II, 229 – 00186 Rome – Italia
ISBN: 978-88-290-0432-4

Dados Internacionais de Catalogação na Publicação (CIP)
(Câmara Brasileira do Livro, SP, Brasil)

Esposito, Costantino
 O niilismo de nosso tempo : uma crônica / Costantino
Esposito ; tradução Enio Paulo Giachini. -- 1. ed. -- São Paulo :
Edições Loyola, 2023. -- (Coleção leituras filosóficas)

 Título original: Il nichilismo del nostro tempo : una cronaca
 Bibliografia.
 ISBN 978-65-5504-240-5

 1. Niilismo (Filosofia) I. Título II. Série.

22-139467 CDD-149.8

Índices para catálogo sistemático:
1. Niilismo : Filosofia   149.8

Aline Graziele Benitez - Bibliotecária - CRB-1/3129

Preparação: Paulo Fonseca
Capa: Inês Ruivo
Diagramação: Sowai Tam
Revisão: Marta Almeida de Sá

Edições Loyola Jesuítas
Rua 1822 nº 341 – Ipiranga
04216-000 São Paulo, SP
T 55 11 3385 8500/8501, 2063 4275
editorial@loyola.com.br
vendas@loyola.com.br
www.loyola.com.br

Todos os direitos reservados. Nenhuma parte desta obra pode ser reproduzida ou transmitida por qualquer forma e/ou quaisquer meios (eletrônico ou mecânico, incluindo fotocópia e gravação) ou arquivada em qualquer sistema ou banco de dados sem permissão escrita da Editora.

ISBN 978-65-5504-240-5

© EDIÇÕES LOYOLA, São Paulo, Brasil, 2023

> *And take upon's the mystery of things,*
> *As if we were God's spies*
> E tomaremos sobre nós o mistério das coisas,
> como se fôssemos os espiões de Deus.
> SHAKESPEARE, W. *King Lear*, ato v, cena 3

SUMÁRIO

APRESENTAÇÃO DA EDIÇÃO BRASILEIRA 9

PREFÁCIO 13

Capítulo I
NIILISMO, PONTO ZERO.................... 17

Capítulo II
FAGULHAS NA ESCURIDÃO 21

Capítulo III
A INTELIGÊNCIA NÃO É UM PILOTO AUTOMÁTICO 27

Capítulo IV
A DISTÂNCIA QUE HÁ ENTRE CONHECIMENTO E AFEIÇÃO 37

Capítulo V
O INFINITO INTERIOR.................... 45

Capítulo VI
A VOCAÇÃO DA CARNE 51

Capítulo VII
A GRATIDÃO POR TERMOS NASCIDO.................... 59

Capítulo VIII
O CHOQUE PERANTE O MISTÉRIO 67

Capítulo IX
A DISTÂNCIA ENTRE CERTEZA E VERDADE 75

Capítulo X
PERGUNTA-ME SE SOU FELIZ 83

Capítulo XI
AQUELE DESENHO ESCONDIDO NO NEVOEIRO 93

Capítulo XII
SOBRE O DESEJO DO VERDADEIRO 103

Capítulo XIII
O DEVER QUE ATRAI 111

Capítulo XIV
A EMOÇÃO QUE HABITA A RAZÃO: *INSIDE/OUT* 121

Capítulo XV
COM QUE OLHOS OLHAMOS PARA O MUNDO 129

Capítulo XVI
A PERDA DO EU, A RECONQUISTA DO SI MESMO 139

Capítulo XVII
UM PODER AMBÍGUO. A FACE TÉCNICA DO NIILISMO 151

Capítulo XVIII
RUST, DOLORES E O ENIGMA DA LIBERDADE 177

REFERÊNCIAS BIBLIOGRÁFICAS 201

APRESENTAÇÃO DA EDIÇÃO BRASILEIRA

Este livro se autodeclara uma *crônica*. Na verdade, ele se compõe de 18 crônicas escritas na forma de "reportagens" sobre os tempos que correm, realizadas por um observador em busca de indícios que permitam corroborar sua intuição inicial: a de que o niilismo — forma de pensamento e modo de vida dominante na Europa desde o século XIX que alcançou escala mundial — já não detém hegemonia tão avassaladora quanto antes. O autor vai encontrando por toda parte indícios dessa derrocada: filosofia, ciência, literatura, séries de tevê, filme de animação, tudo passa pelo escrutínio de uma ampla indagação da sociedade contemporânea.

O ponto de partida dessa série de reportagens é a percepção de que o próprio objeto da investigação crítica traz hoje paradoxalmente em seu bojo aquilo que ele costumava negar: que é possível uma experiência autêntica de si mesmo e do mundo. A superação do niilismo "já começou", mas tal superação não será um processo simples, porque o niilismo se impõe em toda a sua historicidade, ou seja, não se pode simplesmente negá-lo ou evitá-lo; é preciso "atravessá-lo", percorrê-lo até o seu fim. O que escapa ao niilismo está dentro dele.

O que se assiste, assim, a cada crônica é uma revisão ou inversão: ideias e conceitos sobre os quais se assenta o pessimismo niilista são relidos de tal modo que é como se o autor apresentasse o mundo sob novas lentes, e o leitor passasse a enxergá-lo de modo bem distinto. Essa tentativa de ressignificação não afeta somente conceitos filosóficos como ser, nada, razão, sensibilidade, além-do-homem, vontade de potência, sujeito, eu, essência, aparência etc. etc., mas também inflete em questões candentes como sociedade de consumo, ecologia, solidariedade, rede mundial de informação, revolução tecnológica, inteligência artificial, *fake news* etc. etc.

Particularmente interessante é a discussão sobre liberdade individual e seu corolário, o rompimento niilista com a ideia de dever: a liberdade é entendida hoje como se fosse apenas a conquista de mais direitos individuais sem nenhuma reciprocidade para com aquele ou aqueles que devem concedê-los. No fundo, trata-se talvez de uma perspectiva hedonista que, como tantos outros elementos niilistas, impede a constituição real de um eu. Este só se forma efetivamente no diálogo com um tu, com os outros, com o mundo, mesmo que este lhe apareça como algo hostil e adverso.

Nas palavras do próprio cronista, seguir os passos do niilismo nos dias que correm é aceitar o seu desafio ou, ainda, as suas provocações para saber *quem* realmente se é. Como transformar essas provocações em compreensões do ser é uma lição que provavelmente vem de Heidegger: o homem em seu ser-aí precisa responder aos apelos, aos chamados misteriosos que pedem para ser ouvidos, mas aos quais não se quer ou não se pode escutar. Mas a lição heideggeriana vem aqui curiosamente dosada, entre outras coisas, com um procedimento bem diverso: a inflexão, a releitura que se pode fazer de praticamente tudo, deve se pautar por um preceito que o próprio cronista deixa entrever no ideal de leveza de Italo Calvino.

Costantino Esposito parece ser o primeiro a conceder que suas conclusões não precisam ser comprobatórias. Sugeri-las é indicar caminhos. Talvez o interesse deste livro esteja também em que seu procedimento parece se distanciar (conscientemente?) daquela figura comum do intelectual de esquerda *para o qual quanto pior, melhor*, numa posição igualmente distante também do animador de café filosófico que tem respostas prontas para *todos* os problemas. Uns e outros não percebem (ou são cínicos o bastante para não perceberem) que não estão realmente dialogando, quer dizer, o quanto seus supostos "eus" não estão realmente formados, porque estão eivados de narcisismo. São frutos de um niilismo não inteiramente amadurecido, isto é, de um niilismo incompreendido?

Márcio Suzuki
Professor de Estética no
Departamento de Filosofia, USP

PREFÁCIO

A remota ocasião da qual nasceu a ideia deste livro foi o encontro com Andrea Monda, diretor do *L'Osservatore Romano*, que há algum tempo me convidou a colaborar com esse histórico jornal vaticano, deixando-me plenamente livre e sem prévias delimitações na escolha dos temas e problemas das minhas intervenções.

Em resposta ao seu convite, propus me concentrar — numa série de intervenções interligadas, como um único caminho em forma de coluna — no tema do niilismo contemporâneo. A hipótese de trabalho que sustentava essa proposta foi uma descoberta que se foi tornando cada vez mais clara e documentada no decorrer dos últimos anos não apenas por seguir debates culturais, científicos e correntes filosóficas, mas também, e acima de tudo, por seguir, por assim dizer, "em campo", o fenômeno do "niilismo" através do encontro e do relacionamento com os meus alunos na Universidade de Bari e dos muitos jovens que conheci nestes anos. E a hipótese foi a seguinte: depois de ter irrompido de forma titânica e iconoclasta com Nietzsche na transição entre os séculos XIX e XX e de se ter transformado, em seguida, de forma gradual, durante o século XX, de uma "patologia" numa "fisiologia" da cultura dominante nas sociedades do Ocidente (e de se ter espalhado, em seguida, como uma tendência, para inúmeras regiões do mundo), em nossa época, finalmente, o niilismo parecia ter alcançado sua vitória absoluta, e, portanto, não representar mais um "problema", mas uma condição evidente, óbvia e compartilhada mundo afora. Contudo, observando melhor o cenário, pareceu-me que, nestes últimos anos, o niilismo voltou a ser uma questão em aberto, pois as perguntas para as quais ele dizia ser impossível obter resposta, graças a sua crítica dos ídolos — como a questão do sentido último do si mesmo e da realidade, sobre a verdade do eu e da história, de nossa relação com o infinito etc. —, voltavam a se mostrar possíveis, plausíveis e urgentes.

Paradoxalmente, hoje em dia, o niilismo já não parece consistir — como em sua forma clássica — numa perda de valores e ideais, mas sim no surgimento de uma necessidade irredutível. Há bem menos proteções ideológicas: a necessidade é mais nua e, portanto, muito mais desafiadora. Já não pode ser encoberto: por isso, o niilismo do nosso tempo pode, de um modo incoerente, ser uma oportunidade para a busca de um verdadeiro significado para a nossa experiência no mundo.

O estilo das minhas intervenções — dez folhetins, publicados a cada quinzena, entre 15 de janeiro e 19 de maio de 2020, com o título *Cronache dal nichilismo* [*Crônicas do niilismo*] — foi pensado desde o início como uma espécie de *reportagem*, em que o observador ou o viajante poderia anotar ideias, problemas, perspectivas, novos fenômenos, perguntas incômodas etc. Isso tudo, observando — sem preconceitos e até com profunda simpatia — fenômenos sociais e vozes poéticas, visões filosóficas e científicas e séries de televisão, problemas éticos e experiências estéticas.

Essas *reportagens* não visam a esgotar analiticamente o problema, mas visam a, sobretudo, *mostrá-lo*, tentando identificar-se com as formas menos óbvias em que o significado do ser emerge novamente como uma questão nova ou velha, mas revivida, precisamente em alguns dos pontos mais críticos em que parecia que o significado já se tornara impossível. E ali, ao contrário, de forma inesperada ou paradoxal, essas questões voltavam a aparecer, mostrando na experiência humana pontos de resistência ou fatores "irredutíveis" a qualquer reducionismo.

Acrescentou-se a isso, no decurso dos trabalhos, um interesse ulterior, a saber, a eclosão da chamada "primeira onda" da pandemia da Covid-19, com a consequente retenção da vida pública e o questionamento radical de atitudes, práticas e perspectivas habituais. Essa pandemia fez incursões também nas minhas "Crônicas", dando-me a chance de ver, quase em tempo real, como iam ressurgindo questões vitais, e como, ao mesmo tempo, o niilismo não se mostrava mais em condições de abordar e resolver o problema que sempre "é" a vida dos seres humanos no mundo, e que, na era contemporânea, se reacendeu de modo inaudito.

Em outras palavras, permitiu-me verificar mais radicalmente a hipótese inicial: que provavelmente, em algum ponto significativo da existência das pessoas e da sociedade, a superação do niilismo já estava dando seus primeiros passos. Poderá durar muito, muitíssimo tempo, não sabemos; mas, em todo caso, já começou.

A história do livro, contudo, não termina aí. Tendo concluído minha publicação das colunas no *L'Osservatore Romano*, o projeto de publicar num conjunto as dez intervenções foi aceito pela editora Carocci, em Roma, por intermédio de seu editor Gianluca Mori, que, no entanto, propôs dobrar a aposta, pedindo-me para ampliar consideravelmente os textos dos artigos já publicados e escrever especificamente para este livro mais alguns outros capítulos que tornassem o horizonte da investigação mais articulado, documentado e ponderado. O resultado é, portanto, um volume de 18 capítulos, recheado de visões e perspectivas por onde se pode ver e ouvir o fenômeno tematizado. Os novos capítulos são os que vão do décimo segundo ao décimo oitavo, mais o primeiro capítulo, que oferece uma espécie de arranjo inicial de todo o percurso. Alguns temas básicos, como fios condutores, se vão estendendo através dos diversos capítulos e podem ser retomados ou retornar por meio de diferentes casos e contextos de observação ou ainda se entrelaçar vez por outra com outros tópicos. O essencial, no entanto, é ter sempre em mente o fenômeno estudado como um evento em movimento: é só nesse horizonte que os detalhes individuais poderão assumir o seu significado mais interessante.

No que diz respeito à escrita, minha tentativa foi combinar a rapidez e a essencialidade de uma peça curta com a abertura das mais amplas perspectivas de aprofundamento filosófico. Mas, sem limitar-me a justapor as duas abordagens, e tentando surpreender o fluxo da "época", que se encontra muitas vezes nos detalhes da experiência cultural, social e antropológica de nossa era, ao mesmo tempo, procurei verificar nos dados da experiência cotidiana as questões fundamentais do nosso ser no mundo.

Os títulos dos primeiros dez capítulos são os mesmos escolhidos – e sugeridos – pela redação do *L'Osservatore Romano* para sua primeira publicação.

O livro não tem notas de rodapé, mas apenas referências bibliográficas às obras citadas ou usadas para cada capítulo, no final do volume.

Capítulo I
NIILISMO, PONTO ZERO

Para começar o nosso percurso, gostaria de iniciar a partir do final de um grande livro que, assim como todos os grandes livros, oferece a experiência de um olhar sobre si mesmo e sobre o mundo que, de outra forma, não teríamos tido, e que, todavia, quando nos deparamos com essa visão, desperta em nós esse mesmo olhar proposto pelo livro. E isso se dá não porque o replicamos, mas porque nos damos conta de que essa era nossa própria visão. O livro é *A estrada*, de Cormac McCarthy. Como se sabe, é a história de uma relação de amor entre pai e filho, na medida em que cruzam — no sentido literal, antes mesmo de ser metafórico — o deserto devastado e desesperado do mundo no rescaldo de uma catástrofe nuclear não especificada. Ali, onde tudo parece estar devastado, desde as árvores e das casas no entorno até a coragem de viver na alma, pouco a pouco vai se revelando que o que resiste e que permite não só prosseguir caminho no influxo do instinto de sobrevivência, mas avançar no desejo e na esperança, é o coração dos dois seres humanos.

Gravemente encurvado pelo peso de um passado dilacerante, continuamente sitiado pela violência do presente e exposto sem qualquer proteção à ameaça do futuro, o coração prova ser uma experiência irredutível. "Porque nós carregamos conosco o fogo", dialogam entre si os dois protagonistas: e assim o podem afirmar na medida em que vencem o nada que busca aniquilar seu "eu", porque descobrem em suas próprias vidas uma preferência inexplicável — como um chamado para ser, por meio do olhar e da mão um do outro — e a partir dessa preferência veem surgir neles uma gratidão que lhes permite lutar e resistir. E precisamente no final dessa jornada, em que os dois escaparam da ferocidade de predadores já praticamente reduzidos a seres sub-humanos, um desaparecimento radical de tudo o que, até há pouco, constituía seu mundo, ao final, portanto, quando acontece o desprendimento mais dramático e o encontro mais libertador, McCarthy resolve de modo genial toda a tensão da história dessas vidas salvas, encontrando na memória dos seres humanos — ou, antes, na memória do ser humano — a chave para o futuro. Essa memória não evoca nada do passado, mas é como um vestígio, um fóssil que se reanima, que ganha vida. Essa memória consiste em ouvir novamente, no que acontece, a promessa discreta e indestrutível que habita nossa consciência e nosso próprio corpo. Essa voz fraca — ao mesmo tempo suave e irritante — tem dentro de si a força para ser ouvida através do zumbido surdo do nada.

A vida dos humanos é tal porque se afirma frente ao nada. Sem um bafejo do niilismo, que — mesmo para além das doutrinas filosóficas — está sempre pronto a corroer o sentido para o qual estamos no mundo, sem olhá-lo e atravessá-lo, não seríamos humanos. É graças a essa alternativa entre o existir e o nada que chegamos a entender a estatura do nosso eu, independentemente de sermos vitoriosos ou derrotados nessa luta. Pelo contrário, quando nos rendemos ao nada, quando consideramos impossível encontrar um significado para tudo, é justamente aí que pode renascer — por meio de um olhar, uma relação, um encontro — a memória do ser.

Assim se conclui *A estrada*:

> Uma vez nas torrentes das montanhas, podia-se parar e contemplar as trutas. Podia-se vê-las paradas na água de âmbar com a ponta branca das barbatanas a balançar na corrente. Podia-se pegá-las na mão, e cheiravam a musgo. Eram reluzentes, fortes e se contorciam sobre si mesmas. Em seu dorso havia desenhos de grânulos, que representavam mapas do mundo em devir. Mapas e labirintos. De alguma coisa que não se conseguia equacionar. Que não se conseguia ajustar. Nas gargantas onde viviam, tudo era mais velho do que o homem, e vibrava prenhe de mistério [*and they hummed of mistery*].

Tudo — até as trutas das nascentes — trazem a inscrição de um sentido que as faz vibrar, que as faz murmurar quase sussurrando [*hum*] ao dizer-nos o seu ser. Esse ser deve ser visto, e também deve ser ouvido, porque nunca é uma mera classificação do mundo, mas uma história que nos precede. Ao mesmo tempo, ela precisa de nossa atenção para que nos possa falar. Cada coisa — cada truta — carrega em si o mapa do mundo, ou seja, pertence a um todo no qual somente sua peculiaridade pode ser destacada. E para compreender o todo, isto é, um possível sentido do mundo, devemos ser capazes de interceptá-lo no dorso dos peixes, nas dobras específicas, às vezes ocultas, da existência.

Mas buscar e decifrar o significado de todo e qualquer ente continua sendo sempre uma espécie de labirinto: nele podemos nos perder, porque ele pode romper o fio que estamos seguindo. O mundo nunca é dado de uma vez por todas, mas se dá *em devir*, isto é, vai se constituindo de forma mais ou menos sensata, graças ao gênio daqueles que o habitam. O gênio do gênero humano reside precisamente nessa capacidade de interpretar a realidade sem jamais querer e sem nunca ser capaz de "corrigi-la", "sistematizá-la" dentro de nossos padrões. A realidade não pode ser ajustada, isto é, simplesmente alinhada com as nossas intenções, porque nos precede e excede. Mas, sem esse nosso olhar, ela também não estaria lá, não seria nada para nós. Apenas um olhar atento pode se dar conta do dar-se misterioso — porque não é óbvio — das coisas em comparação com nada.

As crônicas que se seguem visam a ser um exercício compartilhado desse olhar. Uma tentativa de ouvir o que o niilismo do nosso tempo nos está dizendo.

Capítulo II
FAGULHAS NA ESCURIDÃO

O niilismo voltou a ser um problema na vida das pessoas e nos acontecimentos do mundo. No entanto, parecia que sua vitória tinha se estabelecido de forma definitiva e silenciosa nas sociedades do Ocidente avançado, alcançando um domínio sem limites, acelerado pela globalização planetária e uma tecnologia da informação cada vez mais desenvolvida. Sua vitória estava quase escondida nas redobras da vida dos indivíduos. Tratava-se — e continua sendo questão — de uma concepção penetrante que marca as mais diversas visões do mundo, unidas por um reconhecimento tácito de que já não existe um significado do real, um sentido derradeiro do si mesmo e das coisas, que possa realmente "dar estabilidade" a nossa vida no presente, conquistar-nos e transformar-nos; em outras palavras, nos libertar.

Naturalmente, permanecem valores (solidariedade, legalidade, cuidado com o meio ambiente etc.) como deveres para guiar nossa responsabilidade ética; mas, para ser honesto, muitas vezes, eles ressoam como palavras tristemente bonitas, incapazes de superar esse sentimento surdo de si mesmo na direção do qual todos estamos simplesmente destinados a nos encaminhar. Entre a vida e seu significado, parece ter se consumado um divórcio consensual: a vida é identificada com a busca desnudada de si mesma, como um instinto de autoafirmação; e o significado é reduzido a um edifício cultural incerto, construído através do que gostaríamos de ser, daquilo que acreditamos ter direito, do que o sistema social nos propõe como uma obrigação.

Assim, o niilismo parecia ter vencido o nosso mundo: mas tratava-se de uma vitória estranha. Já não era devida ao crescente "poder do espírito" (o além-do-homem como vontade de potência). Pelo contrário, era aquele "niilismo passivo", que é antes o "declínio e o regresso do poder do espírito", de modo que, como escreve Nietzsche,

> os fins perseguidos até o presente são inadequados e já não merecem crédito; a síntese dos valores e dos fins (sobre os quais repousa toda e qualquer cultura robusta) se derrete, de modo que os valores individuais entram em disputa recíproca: desintegração; tudo aquilo que restaura, cura, acalma, abala, estará primordialmente subjugado sob vários disfarces, religiosos ou políticos ou morais ou estéticos etc. (*Fragmentos póstumos, 1887-1888*, 9 [35]).

Um resultado invertido, por assim dizer: não o ataque revolucionário aos ídolos da burguesia clerical — como ainda parecia ressoar em 1968 —, mas o estilo educado e "correto" de uma burguesia radical de massas (sobre o que falara Augusto Del Noce). Já quase tendo se tornado um usual produto da sociedade de consumo, o niilismo não significava o questionamento radical da verdade, mas a interpretação da verdade como o jogo entrecruzado das opiniões, em que cada uma delas tem o direito de existir, desde que não pretenda ser mais que mera opinião.

Contudo, uma nova abertura parece ter irrompido nesse tecido narrativo. Com a difusa "entrada em cena" da cultura niilista, graças à interconexão digital de todas as informações possíveis sobre a face da Terra, questionar se há um significado maior do que essa rede de conexões (maior não no sentido de extensa, mas no sentido de intensiva, isto é, que tem algo a ver com a razão pela qual eu, justo eu, estou no mundo) seria classificado como mito de "conspiração", para usar a engenhosa fórmula sugerida nos romances de Umberto Eco. A liberação do sentido tinha sido apresentada como uma promessa de libertação do eu; e, em vez disso, levou ao esvaziamento da experiência das pessoas: mais do que os criadores do seu próprio destino, os senhores do vazio, porque só há sentido e destino quando o eu reconhece (mesmo que seja apenas para contestar) um outro diferente de si mesmo, não como sua própria projeção dialética, mas como algo irredutível a si mesmo, cujo nome mais apropriado pode ser o de "tu" ou de "pai-mãe" (a geração) ou de "amigo".

E é exatamente aqui que o niilismo volta a ser um "problema", inquietando-nos como no início (quem se lembra dos *Karamázov* de Dostoiévski?), e talvez até de forma ainda mais radical. Todavia, esse nome já não indica (apenas) *o fenômeno de uma perda*, mas também (e acima de tudo) *o surgimento de uma necessidade*, o tornar visível de um desejo de significado como um desejo de "ser", como o florescimento impossível de uma terra seca e pedregosa.

Desse ponto de vista, o niilismo é hoje, paradoxalmente, não tanto um obstáculo, mas uma oportunidade ou uma chance de busca da verdade, precisamente graças à força anti-idolátrica que implantou. Num momento em que não só os antigos valores da tradição colapsaram, mas também a pretensão antropocêntrica de os substituir pela pura vontade de potência, os indivíduos acabaram por se tornar irrelevantes, isto é, intercambiáveis ou puramente aleatórios na grande rede do mundo. E é aqui que se mostra novamente algo *irredutível* em sua nudez. Como se um "eu" pedisse para nascer de novo, isto é, como se procurasse por algo — um olhar, um encontro, um fator externo a si mesmo — que lhe revelasse de que tecido é feito o seu ser, convocando-o, assim, a ser ele mesmo.

Uma das tarefas mais urgentes, e também a mais atrativa, da compreensão do nosso momento histórico é, precisamente, perceber e seguir alguns dos pontos luminosos em que está ocorrendo essa mutação do niilismo, transformando-se de uma perda na emergência de uma necessidade.

Eu tenho verdadeiro prazer em começar por um escritor que descreveu talvez da forma mais emblemática o niilismo de hoje, Michel Houellebecq. No seu último romance, *Serotonina*, encontramos a ferida ainda aberta desse desejo de ser. O protagonista, Florent-Claude, literalmente tenta *dar um fim* ao seu próprio eu, começando a partir daquele traço vivo de si mesmo que é o desejo sexual. Para dar cabo de si mesmo é preciso se acalmar; para acalmar-se é necessário tomar essa bendita droga; mas a ação da droga reduz precisamente a libido, o último sinal de vida que permaneceu.

Contudo, acalmar o impulso sexual traz à luz o que até então estava escondido por trás da compulsão de repetir o instinto, ou seja, o desejo de ser amado e a alegria de descobrir que alguém realmente nos amou, mesmo que não tivéssemos a coragem de focar toda a nossa vida nesse olhar. O dramático ponto de não-retorno é quando Florent-Claude percebe que perdeu essa possibilidade absolutamente única para si mesmo: aceitar a imerecida preferência de uma mulher, Camille. O real já não nos pode mais conquistar, mesmo que seja pelo que nós secretamente mais queremos, tão reduzida é a nossa liberdade, tão desacostumados estamos ao seu gosto, reduzindo-a ao puro acaso ou ao arbítrio desmotivado.

No entanto, mesmo essa perda não aniquila o humano; e justo na tentativa de autoextinção do protagonista parece impor-se — quase independentemente dele — algo que não pode ser renunciado: a natureza do sujeito humano é tão *objetiva* que ele mesmo jamais pode dispor dela simplesmente a seu bel-prazer. É uma espécie de convocação do eu para si mesmo, que surge ao modo descrito por Agostinho, de dentro dele ou dela, mas do qual ele ou ela não pode ter controle. No final, ele escreve assim:

> Eu não esperava nada, eu estava plenamente ciente de que não tinha nada a esperar, minha análise da situação parecia completa e certa. Há certas áreas da psique humana que permanecem quase desconhecidas, porque têm sido pouco exploradas [...]. Estas áreas só podem ser abordadas através do uso de fórmulas paradoxais e até absurdas; entre essas, a expressão *esperar contra toda esperança* é a única de que realmente consigo me lembrar. [...] Eu tinha entrado numa *noite sem fim*, mas a coisa persistia, na parte mais profunda de mim mesmo persistia alguma coisa, muito menor que uma esperança, digamos uma incerteza.

Parece um nada, uma fagulha na escuridão profunda e aparentemente interminável da noite. Mas é também a fenda por onde se vê o niilismo, como uma pequena abertura; e é preciso uma profunda sinceridade consigo mesmo para não negar imediatamente esse fato. Será, portanto, *apenas* uma incerteza? A última página desse percurso rumo à perda de si mesmo revela, na verdade, que havia um contramovimento atuando realmente oculto, que o protagonista irá descobrir em uma intuição final. O desejo, a esperança, a própria incerteza são *sinais* reais de um sentido objetivo embutido em nossa carne, na própria carne do mundo. E então, como em uma perspectiva invertida, quando perdemos o sentido, é o próprio sentido, *em carne e osso*, que nos procura:

> na realidade Deus cuida de nós, pensa em nós em todos os momentos, e às vezes nos dá diretivas muito precisas. Esses impulsos de amor que fluem em nosso peito como que nos tirando o fôlego, essas iluminações, esses êxtases, inexplicáveis se considerarmos nossa natureza biológica, nosso *status* como primatas simples, são sinais extremamente claros.

Isso confere nome a esse olhar, isto é, identifica o sujeito amoroso, que, em sua carnalidade, restaura o desejo: "E hoje eu entendo o ponto de vista de Cristo, a sua repetida irritação face à insensibilidade do coração: eles têm todos os sinais possíveis, e não os levam em conta...". *Dar-se conta dos sinais*: talvez seja esse o caminho simples que nos é oferecido para atravessar o niilismo. De fato, reconhecer, com a pobreza do espírito, esse caminho já é a primeira indicação de que de alguma forma começamos a superá-la.

Capítulo III
A INTELIGÊNCIA NÃO É UM PILOTO AUTOMÁTICO

O desafio, então, é este: para compreender o momento histórico que estamos vivendo, marcado pela longa sombra do niilismo, precisamos perceber esses pontos de luz no vácuo de sentido que até agora só se mostrava como uma perda de valores e ideais, e esse processo vai se deslocando de forma lenta — mas inevitável — para o surgimento de uma necessidade. Só então podemos ver se há algo irredutível que "resista" à grande redução.

Entre os fatores que merecem ser considerados a esse respeito está a natureza da nossa "inteligência", uma faculdade tão óbvia que se tornou estranha a nós. O que significa ser uma pessoa inteligente? A questão parece inútil, tão "natural" é o exercício dessa faculdade para o nosso ser no mundo. Mas não é assim. Quase sem perceber, temos cada vez mais identificado nossa inteligência como uma espécie de "piloto automático", uma função de cálculo de dados complexos que para cada problema tenta encontrar a solução mais simples, que possa ser esquematizada num único procedimento. Que esta seja uma estratégia especial, e também um desempenho emocionante de nossa inteligência, é certamente verdade. Todavia, quando essa faculdade se distancia ou é vista como independente de nossa capacidade mais ampla de questionar o sentido de nós mesmos e das coisas, acaba se tornando apenas uma inteligência "artificial".

Entretanto, é precisamente a inteligência artificial, que domina o uso de nosso tempo e de nossas vidas através de seus algoritmos (à qual, por outro lado, temos de ser gratos em virtude da incrível facilitação que nos oferece à vida), que vai nos questionar novamente o que seria a inteligência de um ser humano. Naturalmente, essa é uma questão que pode ser tranquilamente evitada se considerarmos a capacidade computacional não apenas como um efeito particular de nossa abertura inteligente ao mundo, mas muito mais como sua natureza original. Tanto que somos cada vez mais tentados a assumir a inteligência artificial como critério de medida para conhecer e verificar a nossa inteligência, chamando-a assim de "natural".

Aqui se mostra uma das características típicas do niilismo contemporâneo, em que o vazio de significado é difundido — e na maioria das vezes de modo oculto — pela organização técnica do mundo, e a busca de sentido na existência é substituída pelo cálculo cada vez mais controlado de suas possibilidades e de seus problemas. Paradoxalmente, quanto mais aumentam (e felizmente!) as estratégias para resolver os vários problemas inerentes à organização da nossa vida pessoal e social, mais se veem propensas a desfocar dramaticamente o problema que é a própria vida, ou seja, a sua questão sobre o significado da realidade.

Com isso, de modo algum quero dizer — como seríamos tentados adotando atalhos "românticos" — que a falta de um significado final para a vida depende do progresso da nossa inteligência calculista: pelo contrário, são precisamente estes avanços que nos obrigam a perguntar-nos qual é a raiz da qual eles surgem. Isso porque só se pode calcular aquilo que se reconhece como um dado que nos interpela, e que em certa medida nós conseguimos "amar".

Do mesmo modo, não nos convence o contraste entre um pensamento "calculista" e um pensamento "reflexivo": léxico sugerido por Heidegger, mas que na maioria das vezes é mal compreendido precisamente porque é considerado uma simples alternativa (voltaremos a esse tema no penúltimo capítulo). Pelo contrário, podemos nos perguntar se o sujeito do cálculo pode continuar a fazê-lo sem implicar em seu próprio cálculo a marca de sua inteligência interrogativa, com a consequência de se tornar ele próprio — o sujeito — o mais ferrenho "objeto" de cálculo.

Para entender do que se trata aqui realmente, basta fazermos uma pergunta simples, relacionada à nossa experiência diária: em cada ação, em cada relação com as coisas e com as pessoas, só nos movemos quando *compreendemos o que há para nós no mundo*. Não é verdade que a nossa experiência de pessoas conscientes e livres aumenta quando descobrimos que a realidade — rostos, objetos, encontros, eventos — vem ao nosso encontro e nos toca, nos provoca, nos interroga, aguarda a nossa resposta?

Dar-se conta da realidade: esse é o ponto fulcral do qual depende nossa morada no mundo. Tudo depende do modo como percebemos o ser, isto é, *aquilo que* somos, *aquilo que* são as coisas, e mais radicalmente se não tomarmos como evidente e óbvio *o próprio fato de que estamos aqui* e que o real existe. Não é uma reflexão abstrata, mas trata-se do fator mais concreto, mais carnal da nossa existência, porque é aquele em que o nosso "eu" está mais em jogo na sua relação com os dados diários da experiência. Mas, como muitas vezes acontece precisamente na experiência, é na crise que sentimos, paradoxalmente, toda a necessidade do que não funciona ou do que nos falta. E assim, em nosso tempo, é precisamente a crescente redução desse conhecimento da realidade que nos obriga a entender como ela é essencial para a realização de nossa pessoa.

Quando falo em reduzir o conhecimento, certamente não me refiro à quantidade interminável de informação que podemos recolher e gerir, mesmo que apenas virtualmente. Desse ponto de vista, o desenvolvimento do nosso conhecimento é quase potencialmente indefinido, na medida em que tudo o que *gostaríamos* de saber está à nossa disposição. Mas, precisamente, o que queremos saber? De onde surge o nosso interesse? O que ou quem move o nosso desejo e a nossa curiosidade?

Aqui está o ponto realmente crítico da sociedade e da cultura contemporâneas, no qual testemunhamos uma quantidade de "conhecimentos" pelos quais muitas vezes pressentimos não nos fazerem "saber" realmente nada, porque carecem do próprio sujeito do conhecimento. Ou melhor, o indivíduo tende a ser substituído por aquilo que certos interesses culturais, comerciais e políticos o induzem a querer. Trata-se de um problema que atualmente é muito debatido pelas *Big Data*; é a extensão hipertrófica tanto dos conhecimentos universais quanto das preferências específicas de cada usuário individual da grande rede de conhecimento: preferências que aqueles que gerenciam as redes podem armazenar, orientar e controlar, graças à informação sobre as buscas e escolhas dos indivíduos (que, em muitos casos, se dá de forma oculta e ilegal), extraída pelas mídias sociais mais compartilhadas, tais como *Facebook*, *Twitter* ou *Instagram*.

Bem, nesse contexto, como percebemos o mundo? Em que base reconhecemos como "verdadeiro" o que conhecemos? Como escreveu Danah Boyd (uma pesquisadora americana que se dedica ao estudo da alfabetização nos canais de mídia): "a crise que estamos experimentando não é sobre o que é verdade, mas sobre o modo como sabemos se algo é verdade. Aquilo sobre o que não concordamos não são fatos, mas é a epistemologia", isto é, a forma como o nosso conhecimento é formado. Se não tivermos uma certeza razoável — ou pelo menos confiança suficiente — de que o que percebemos é verdade, estaremos condenados a nunca entrar em contato com o real.

Mas se dá também o inverso: se deixamos de avaliar criticamente a possibilidade de tudo o que percebemos ser verdadeiro (ou se, por vezes, não o é), ou se acontece também de ser verdadeiro algo que não percebemos imediatamente, então estaremos inevitavelmente condenados a confundir a realidade com nossas percepções subjetivas. Foi o que abordou de modo bem eficaz um artigo de Sabino Cassese na revista *7/Corriere della Sera* de 13 setembro de 2018, intitulado *La cattiva politica schiava della percezione* (A má política escrava da percepção). Porém o mesmo jornal já havia antecipado em 31 de agosto uma enquete feita pela empresa de pesquisas IPSOS que mostrava que a Itália e os Estados Unidos estão entre os países em que a tendência a distorções perceptivas da realidade é mais disseminada (por exemplo, sobre o crescimento econômico, os fluxos migratórios, o sistema de saúde e o número de homicídios), e também aqueles países em que, na política, ocorreu "a mudança mais profunda na relação entre eleitores e eleitos".

Há outro fator que complica ainda mais a questão, a saber, o condicionamento crescente do ambiente digital em que estamos continuamente imersos (basta pensar na dependência dos *smartphones* e da *internet*); isso não só atua na "construção" e na seleção de notícias, mas também na própria conformação de nossos processos mentais e perceptivos. Tanto é assim que a veracidade das informações e, consequentemente, a confiabilidade do conhecimento podem ser reais ou simplesmente *made-up*, construídas como notícias falsas, e, em alguns casos, apenas por meio de gráficos ou de uma determinada estratégia perceptiva, que, graças a um mecanismo de atração visual, restringe o foco sobre as manchetes das notícias, que podem se mostrar, em seguida, ambíguas ou desviantes.

Entre outros analistas, Katy Steinmetz falou a respeito disso em um artigo que apareceu na *Time* em agosto de 2018, sobre o tema das *fake news*, segundo o qual "robôs e propagandistas são apenas parte do problema. O problema mais grave é o cérebro de vocês". As "verdades ilusórias" dependem do fato de que "tomamos decisões rápidas sobre o que é postado *on-line*", com base no hábito e na repetitividade das mensagens que nos chegam pelas redes.

> Quanto mais frequentemente algo aparece nos resultados da "pesquisa *Google*", mais confiável parece ser. Mas os algoritmos do *Google* só trazem conteúdos baseados em palavras-chave, eles não dão a verdade. Se você perguntar algo sobre o uso de sementes de damasco para tratar o câncer, a ferramenta vai encontrar com fidelidade todas as páginas onde se fala sobre tal cura.

A questão é tão difusa e escorregadia (mesmo para o uso que as forças econômicas e políticas fazem dela), que é qualificada como "o equivalente a uma crise de saúde pública". Algumas pessoas pensam que falsificações da verdade e da realidade causadas (indiretamente) por algoritmos podem ser corrigidas colocando-se em prática outros algoritmos, que identificam as *accounts* (contas) ou as páginas do *Facebook*, de onde partem ou se difundem as falsas notícias, podendo, assim, bloqueá-las. Mas essa contramedida nunca será suficiente, porque o que está em jogo ali é o processo mental e moral com o qual damos e recebemos confiança na comunicação uns com os outros. Apenas um "fator humano" pode reabrir o jogo; apenas um caminho de educação pode nos fazer "parar para pensar" aquilo que instintiva ou mecanicamente somos levados a aceitar e compartilhar como "verdadeiro", mas que, talvez, não seja verdade.

Como conclui o artigo da *Time*, "os professores devem [...] treinar seus alunos para serem céticos sem serem cínicos", ou seja, verificar criticamente sua confiança na realidade.

Porém, como dizíamos, cada crise coloca-nos numa encruzilhada. Podemos ceder ao medo e resvalar para o pessimismo, crendo que quase já estaríamos todos, inevitavelmente, "governados" pela grande máquina da comunicação digital e que, justo no momento em que parece termos a maior quantidade de possíveis ferramentas para compreender e manipular o mundo, na verdade estamos privados da liberdade de sermos nós mesmos, e não mais o que o sistema dos algoritmos decidiu fazer de nós. Mas poderíamos também — com mais razão — perguntar-nos se há algo na nossa experiência que *nos interessa* salvar, algo de nós mesmos do qual não desistiríamos facilmente, algo que, na realidade, nos parece demasiado valioso para ser negado.

Então, talvez essa crise cognitiva possa ser a oportunidade que nos é dada para recuperar um caminho de conhecimento não só adquirido automaticamente, mas verificado criticamente. E a verificação consiste em descobrir se o conhecimento da realidade pode fazer com que o sujeito do conhecimento cresça ou não: e isso, não tanto (ou não só) porque o torna mais forte ou poderoso em suas estratégias, mas por despertar nele a questão do "significado" de si e do mundo, a questão da ligação entre as coisas e entre as coisas e nós mesmos. Esse ponto de viragem, porém, não pode surgir de uma mera teoria epistemológica; pelo contrário, o colocar em jogo e o método de conhecimento podem e devem ser descobertos por cada um de nós, a partir daqueles momentos ou processos de nossa vida consciente, em que fizemos a experiência de um conhecimento que mobilizou e transformou o nosso eu.

Isso significa, no entanto, que a própria ideia de razão ou inteligência, geralmente entendida como a capacidade de analisar, calcular e prever os efeitos de nossas ações, pede para ser ampliada e tornar-se mais "experiente". A racionalidade não é um procedimento frio, mas é a forma como nós — na totalidade das nossas dimensões — vivemos na realidade.

Portanto, no entrecruzamento problemático entre inteligência artificial e inteligência natural, é urgente que não tomemos como certo a forma como um ser inteligente vive o real. Há um texto da grande pensadora Simone Weil (que remonta aos anos 1940 e foi incluído na coletânea *Espera de Deus*) que nos ajuda a entender toda a amplitude da inteligência, mostrando que nela está incorporado o mistério do humano. A inteligência, diz Weil, referindo-se em particular à atividade de estudo dos jovens (mas aplica-se a todos os momentos em que estamos realmente interessados em algo), consiste sobretudo em "ser e estar atento". É uma coisa simples e aparentemente mínima, mas é a chave para o nosso ser no mundo, o momento em que o nosso eu pode descobrir a presença inimaginável das coisas. E não por um esforço de vontade, mas pelo encanto de uma atratividade.

Vamos ouvir Weil: "a inteligência só pode ser guiada pelo desejo. E, para haver desejo, deve haver prazer e alegria. A inteligência cresce e dá frutos apenas na alegria". A atenção é como o exercício do desejo por parte da inteligência, que se vê disposta a deixar-se tocar pela realidade: "a atenção é afastar-se de e reentrar em si mesmo, do mesmo modo como inspirar e expirar": "consiste em suspender o pensamento, em deixá-lo disponível, vazio e permeável ao objeto". No entanto, não é de forma alguma "natural" no sentido de óbvio ou evidente: na verdade, continua Weil,

> em nossa alma há algo que repele a verdadeira atenção com muito mais violência do que a carne repugna a fadiga. Essa coisa está muito mais perto do mal do que a carne. É por isso

que, toda vez que realmente presta atenção, você destrói algum mal que está em você.

Não é assim que o niilismo, hoje, estaria se concentrando precisamente nessa estranha tendência de inibir o nosso desejo e de nos separar da beleza e da alegria da descoberta? É uma inibição que assume os contornos de uma patologia real (como Massimo Recalcati lembrou nos passos de Jacques Lacan): aquela patologia típica do nosso tempo que separa o desejo, visto como irracional, da inteligência autoconsciente. É nesse nível que se joga essencialmente o jogo: retomar a posse da nossa inteligência em sua totalidade, sem ceder ao medo de perdermos a nós mesmos e à nossa segurança em relação ao inesperado da realidade. O nosso "mal", como lemos, não se deve, de fato, em primeiro lugar, à falta de comportamento moral, mas à falta de inteligência face ao incalculável chamado do ser.

Capítulo IV
A DISTÂNCIA QUE HÁ ENTRE CONHECIMENTO E AFEIÇÃO

Para conhecer as coisas — como mencionei anteriormente — é preciso amá-las. Um olhar afetuoso é necessário mesmo quando usamos nossa inteligência como um mero procedimento de cálculo. Essa dimensão afetiva não deve, no entanto, ser entendida como uma adição "sentimental" ou como uma emoção subjetiva em relação à observação fria dos dados objetivos da realidade.

Pelo contrário, esse afeto constitui a motivação subjacente em cada ato cognitivo, uma abertura da nossa mente que busca o significado das coisas. Podemos descrevê-lo como uma "atração" que a realidade — coisas, pessoas, natureza, eventos — sempre exerce sobre nosso eu, chamando-o e desafiando-o a uma aventura de descoberta. Porém a questão não é automática, porque tem a ver com a nossa liberdade: o ponto crítico é se aceitamos ou recusamos esse convite do real e, portanto, se nos confirmamos ou mortificamos essa afeição originária ao ser.

Um dos sinais mais perturbadores e dramáticos do niilismo do nosso tempo é ter progressivamente separado o momento cognitivo do momento afetivo da nossa experiência. Assim, torna-se possível, de fato, quase necessário, renunciar à questão de um sentido final das coisas para poder conhecê-las objetivamente.

Estranha situação essa que veio a ser criada. No fundo, o niilismo do século XX nasceu como uma reação violenta às reivindicações do positivismo do final do século XIX, para o qual a realidade é composta somente de dados empíricos quantitativamente mensuráveis e controláveis pela ciência, e quanto mais essa tivesse progredido em suas explicações sobre o mundo, mais o mundo teria perdido o sentido do "mistério" metafísico ou religioso, que seria, na realidade, apenas o resultado da ignorância.

Agora, no entanto, parece que o antigo adversário do niilismo frente ao qual Nietzsche poderia orgulhosamente proclamar que "os fatos não existem, mas são apenas interpretações" (*Fragmentos póstumos, 1885-1887*, 7 [60]), paradoxalmente, encontra a sua completa vingança na fase do niilismo tecnológico contemporâneo. E isso aconteceu porque até mesmo o conhecimento tecnocientífico do mundo é semelhante a um processo de "construção" da realidade, no qual a medição e o cálculo não se limitam a aplicar-se a dados "reais", mas a determiná-los e, de alguma forma, "criá-los" e reproduzi-los. As "interpretações" de Nietzsche tornaram-se as produções digitais do mundo.

No entanto, sem sentido pessoal não é possível viver, como nos atesta a experiência todos os dias. Sem significado, a vida seria insuportável. Aqui está, então, o dispositivo de segurança: o sentido deve ser transferido do campo do conhecimento para o do sentimento. O significado, se existe um, deve estar lastreado em nossas emoções. Já não é uma questão de realidade, mas de *feeling*. Já não pertence à ontologia, mas à psicologia; nada mais tem a ver com o reconhecimento de uma verdade da existência, mas com a construção cultural do próprio "si mesmo", com uma "autopoiese", para expressá-lo com os conceitos da antropologia cultural (refiro-me a um autor como Francesco Remotti).

No fundo, na era do niilismo, o amor é uma forma de sentimentalismo generalizada (como o reverso da medalha de uma inteligência puramente técnica): é o que nós sentimos, movidos por estados emocionais que sempre determinam o nosso humor, mas que, quando se tornam um horizonte fechado, já não se referem a nada fora de nossa própria reação. O verdadeiro problema da redução do amor unicamente ao sentimento é que dessa forma se reduz o próprio sentimento, precisamente porque está separado do julgamento da razão, bloqueando-o como um fator puramente subjetivo. E isso, por sua vez, reduz o sujeito ao mecanismo de ação/reação do instinto.

Contudo, como muitas vezes acontece em separações forçadas, em cada um dos fatores permanece o traço da relação com o outro. E se para ser verdadeiro até os fundamentos o conhecimento precisa de uma abertura afetiva ao ser, assim, para ser verdadeiro até os seus fundamentos, o afeto requer uma descoberta cognitiva da realidade; é isso que pode fazer o amor vibrar em todas as suas cordas. A experiência de uma atração que nos move e nos comove então se torna o traço que deve ser experimentado na própria pele, ou nas entranhas (de acordo com uma expressão bíblica tirada da filósofa María Zambrano), o sentido último da realidade. Um sentido vivido, sofrido, amado ou perdido –, por isso, verdadeiramente compreendido. Um sentido que pode ser compreendido precisamente porque estende o sentimento individual a todo o cosmos.

O escritor David Foster Wallace já havia compreendido isso com uma grande sensibilidade, que, no entanto, muitos viram como se fosse o emblema de uma dificuldade dolorosa e irônica, para não dizer da impossibilidade de confirmar um sentido derradeiro de si mesmo, mas que, em vez disso, constitui um dos testemunhos mais pungentes do fato de que, sem essa possibilidade, não se vive; e, por sua vez, a vida é essa mesma "possibilidade" de um significado maior que si mesmo.

Em um de seus textos mais famosos, "Isto é água", discurso pronunciado em 2005 na cerimônia de formatura no Kenyon College, Ohio, Foster Wallace fala sobre essa mesma possibilidade. E o faz por meio de um exemplo memorável: um cara chega em casa cansado e estressado do trabalho, mas se lembra de que não tem nada na geladeira e, então, se vê forçado a dirigir-se ao inferno caótico de um supermercado para fazer as compras. Só que ali vai encontrar todos os outros caras que têm o mesmo "destino" insuportável: submeter-se ao estresse do tráfego bestial, à confusão, à música ensurdecedora e às filas intermináveis nos poucos caixas abertos.

> De todo modo, enfim, chegou ao final dessa linha, pagou por sua comida e recebeu o cumprimento de um "bom-dia" com uma voz que era, sem dúvida, própria do além. Então ele teve de levar essas sacolas plásticas finas e horríveis do supermercado em seu carrinho com uma roda desajustada, que tendia descontroladamente para a esquerda, em meio ao estacionamento lotado, cheio de buracos e lixo, e dirigir novamente para casa naquele trânsito da *hora do rush*, lento, pesado, cheio de SUVs etc.

Nessa situação, como em qualquer outra, no entanto, sempre está em ação uma escolha fundamental, consciente ou inconsciente, uma postura do eu e uma direção do olhar em que, desde o início, já decidimos o que ver e como vê-lo. Mas o fato é que nós podemos *escolher* essa postura, nós podemos decidir se devemos ou não assumir esse olhar. E é disso que depende todo o resto: por exemplo, "se eu não decidir de forma reflexiva como pensar e no que prestar atenção, posso ficar com raiva e infeliz cada vez que for às compras".

E, de fato, em geral, sequer nos deparamos com uma escolha sobre como nos relacionar com a realidade, porque esta desencadeia uma maneira de pensar tão óbvia e reativa — Foster Wallace chama a isso de *my default-setting*, "minha configuração básica" — pela qual não notamos nada mais do que aquilo que nos rodeia e nos acontece. Eu só sei (e eu sempre soube) que todos os outros clientes do supermercado — exceto eu, é claro — estão lá para me irritar, para me atrapalhar. E isso me parece "profundamente injusto". Basta olhar para eles: "muitos deles são repulsivos, e [...] parecem idiotas e asnos, com os olhos apagados e inumanos, ali na fila do caixa [...] todo o tempo gritando em seus celulares enquanto estão impedindo a fila de andar". Ou, com uma configuração básica mais sócio-humanista, entre "todos aqueles grandes e estúpidos SUVs Hummers e vans com motores com 12 válvulas", posso limitar-me a pensar que

> os filhos de nossos filhos irão nos desprezar por termos desperdiçado todo o combustível do futuro e, provavelmente, arruinado o meio ambiente, e [vão dizer] que nós todos somos viciados e estúpidos, egoístas e repugnantes, e que a moderna civilização de consumo é algo de dar nojo, e assim por diante.

O escritor descreve essa situação de absoluta e anônima normalidade como o espelho impiedoso do antropocentrismo e do mais rigoroso egocentrismo, isto é, "a crença automática e inconsciente de que eu seria o centro do mundo, e que minhas necessidades e meus sentimentos imediatos são o que determina a prioridade de todo o mundo".

No entanto, em meio a tudo isso, temos sempre a possibilidade — portanto, a liberdade — de olhar o mundo de outro ponto de vista, com outra consciência, porque essa está aberta, a um julgamento afetivo: reconhecer que no mundo há algo digno de ser amado, e que existe um sentido maior do que o dos meus esquemas automáticos.

Então, eu poderia optar por

considerar a possibilidade de que todos os outros na fila do supermercado também estejam tão cansados e frustrados como eu mesmo, e que algumas dessas pessoas muito provavelmente tenham uma vida muito mais difícil, mais chata e mais dolorosa do que a minha.

Por exemplo, eu poderia

escolher olhar de outra maneira para essa senhora gorda excessivamente maquiada, com os olhos cansados, que acabou de repreender o seu bebê na fila do caixa. Talvez nem sempre seja assim. Talvez ela tenha ficado acordada três noites seguidas segurando a mão do marido que está morrendo com um câncer nos ossos. Ou talvez essa senhora seja a funcionária mais mal paga do departamento de trânsito, que ainda ontem ajudou a sua esposa a resolver um problema burocrático horrível e enervante com alguns pequenos atos de gentileza administrativa.

Em suma, "sempre há outras opções", e essa possibilidade inédita, que se apresenta à nossa livre escolha, é a capacidade para *amar* o mundo: "Você tem o poder de viver uma experiência infernal de consumidor, lenta, abafada e lotada, e torná-la não apenas significativa, mas sagrada, inspirada pelas mesmas forças que formam as estrelas: o amor, a amizade, a mística, a unidade de todas as coisas juntas". E então, como homem do nosso tempo, ele acrescenta: "Não que a coisa mística seja necessariamente verdadeira...", isto é, não se trata de imaginar outro mundo fora da realidade para sublimar a dor e o desconforto da vida. Em vez disso, "a única coisa que é verdade com um V maiúsculo é que cabe a você decidir se vê ou não".

Mas — eis aqui a questão a ser deixada em aberto — com que base nós mesmos podemos decidir? À nossa liberdade resta todo o risco de aceitar ou rejeitar o convite: de ver e querer o bem de si mesmo e de tudo. No entanto, só podemos querer esse bem porque em alguma ocasião — em algum rosto, em algum caso — ele nos quis primeiro. No "aborrecimento do dia a dia" e na "insensatez", ali onde o nada está sempre à nossa espreita, mesmo na fila da caixa de um supermercado, pode então voltar a se iluminar "o amor que move o sol e as outras estrelas" (*Paraíso*, XXXIII, 145).

Capítulo V
O INFINITO INTERIOR

Há um grande paradoxo que acompanha a história do niilismo desde o início e que hoje podemos ver mais claramente em sua conclusão: o real significado da "morte de Deus" — a fórmula por meio da qual desde Nietzsche se alude à crise irreversível de toda a transcendência ontológica, religiosa ou moral — encontra-se na morte do "eu". O ser que eu sou não deve mais ser considerado como um "dado" objetivo, mas como o "caso" subjetivo de um processo evolutivo impessoal, um momento de trânsito temporário: o que o niilismo oriental, inspirado pelo budismo, chamaria de "não permanência" (*anicca*) ou a "não existência" (*anattã*) do si mesmo individual. Momentos acidentais no fluxo necessário da natureza, eis o que seriam os seres humanos; e não se diz de modo algum que a falta de sentido pessoal é uma perda. De acordo com alguns, pode até ser uma libertação, a chance de viver a vida pelo que ela é, em seu acontecimento desnudo — e nada mais que isso.

Esse paradoxo é o caso sério da cultura atual. Por um lado, parece impor-se sobre todas as frentes a ideologia do desempenho, para a qual o nosso ser consistiria em alcançar o sucesso, mas esse sucesso consistiria em afirmar a sua imagem própria de poder (seja ela qual for); contudo, por outro lado, se esse jogo não "alcança o sucesso" — e, muitas vezes, falha ou tem um resultado negativo, ou simplesmente não perdura —, o nosso ser literalmente se destrói, torna-se um nada e não serve mais. Aqui nasce a "cultura do desperdício", na qual o papa Francisco identifica claramente um dos problemas mais dramáticos de nossas sociedades.

Mas o que pode questionar essa perspectiva — não apenas socioeconômica, mas também antropológica — do "descarte de si mesmo"? O chamado à sabedoria individual ou à moralidade pública já não é eficaz: a deontologia capaz é incapaz de compreender a ontologia. Haverá algum ponto do qual se possa alavancar essa questão? Se houver, não pode vir de fora da experiência, mas, sim, de dentro dela. Um ponto conquistado pela própria urgência de viver que nos preocupa todos os dias; um ponto que emerge da imanência da própria vida. Se existe um sentido transcendente, este deve estar implicado na imanência, ou simplesmente não ocorre.

Aqui ressurge o problema existencial do niilismo, ali onde a vida parece ser uma "imanência absoluta", para usar a expressão de Gilles Deleuze (em *L'immanence: une vie...* de 1995), que reflete uma ideia típica de Espinosa, segundo a qual a vida é um poder natural absoluto, "um movimento que não começa nem termina", consciência impessoal, ao mesmo tempo "sem objeto e sem eu" (por mais estranho que possa ser para o senso comum uma consciência que não seja consciência de algo, e que não seja uma autoconsciência). Apenas uma "pura imanência", de acordo com Deleuze, permitiria uma "felicidade completa", como aquela dos "recém-nascidos", que "se assemelham todos eles uns aos outros e não têm ainda individualidade, mas têm singularidade, um sorriso, um gesto, uma careta, eventos que não são caracteres subjetivos. Os bebês são atravessados por uma vida imanente que é pura potência, e é marcada também pela felicidade através de sofrimentos e fraquezas".

Em suma, dir-se-ia que, quando o recém-nascido singular se torna "indivíduo" ou "eu", quando adquire sua própria irredutibilidade pessoal, é precisamente no momento em que a vida se extraviaria. Seria imposta uma transcendência ilusória, que, com a intenção de dar significado à vida numa relação com algo ou alguém mais elevado que ela, na verdade a trai e a esclerotiza. A vida deleuziana é um movimento sem origem e sem propósito, um poder que se alimenta de si mesmo, um desejo que continua a ocorrer sem sentir qualquer ausência. O único sentido possível é, então, o que não é imposto, mas produzido pelos acontecimentos da vida, que encontram o direcionamento causal somente em si mesmos e nunca em qualquer outra coisa fora de si.

Encontrei o eco dessa tese observando um dos meus alunos de filosofia, que me escrevera o seguinte: "eu acho que o valor do niilismo reside na perda total do sentido, que, se à primeira vista pode, sem dúvida, desorientar, em seguida só pode fazer-nos valorizar a vida por aquilo que ela é, pode fazer-nos amar e viver em sua integralidade, tentando obter dela a melhor experiência possível". Nisso estaria "o desejo mais profundo de viver a vida em sua maravilhosa superficialidade".

A superficialidade da vida e da realidade é maravilhosa, para o meu aluno, precisamente porque esta não precisa de mais nada para ser apreciada a não ser o que é. Mas surge uma pergunta simples, *de dentro* dessa fruição: "quem" é aquele ou aquela que pode desfrutar dessa maravilha? A "quem" acontece viver a felicidade da vida? Se tudo se reduz a um poder impessoal que produz a si mesmo, sem que nos falte mais nada e nem ninguém mais, não há necessidade de um "eu", isto é, de alguém que espera, que deseja, que pede, para poder desfrutar, ou seja, para ser feliz? Nunca somos completamente felizes, e ainda assim queremos ser felizes, justo porque tudo o que podemos ter ou mesmo imaginar não é suficiente para nós. No coração da nossa imanência se produz — como um contragolpe ou um contramovimento — um infinito que não vem de fora, mas nos impele a partir de dentro.

Sem essa intensidade abismal — o estarmos sempre insatisfeitos —, qualquer superficialidade nos traria, como Leopardi escreveu, apenas "aborrecimento" e "tédio" (*Canto noturno...*). É preciso o infinito para apreciar as coisas finitas.

O fato de esse infinito ser o ponto mais radical de irredutibilidade da vida do eu foi visto com pertinência talvez inédita, e por isso de forma ainda mais convincente, por um autor como Descartes. O eu do qual Descartes fala — o *cogito* que serve de fundamento para grande parte do pensamento moderno — pode muito bem ser entendido como um momento de absoluta imanência, se é verdade que a substância pensante não precisa de mais nada, nem mesmo de seu próprio corpo, para entender a si mesma com toda a evidência. Um eu que seria chamado de "solipsista". Tanto é verdade que, quando esse "eu" começa a analisar as ideias presentes em sua mente, ele descobre que pode ter inventado todas elas (e, portanto, todas as suas ideias também podem ser enganosas ou ilusórias), exceto por uma ideia, inata em nós, a ideia do infinito. Sendo eu uma substância finita, Descartes diz "Eu não posso ser eu mesmo a causa dessa ideia", e a partir disso "segue-se necessariamente que eu não estou sozinho no mundo". Tampouco se aplica aqui a objeção de que a ideia de "infinito", na realidade, seria construída por nós mesmos, a partir da ideia de um ser finito, e simplesmente negando seus caracteres finitos (assim como a ideia de "quietude" seria a negação da ideia de "movimento", e a ideia de "trevas", a negação da ideia de "luz").

Descartes diz, em vez disso, que a questão é exatamente o oposto daquilo que usualmente se pensa:

em mim, a percepção do infinito é, de alguma forma, anterior à do finito, ou seja, a percepção de Deus precede a percepção que tenho de mim mesmo. De que maneira eu estaria ciente de que duvido, que desejo, que me falta algo, e que não sou completamente perfeito, se em mim não houvesse a ideia de uma entidade mais perfeita, comparando-me, com a qual eu reconheceria minhas deficiências?

Esse é o paradoxo que está no coração do sujeito moderno, aquele sujeito que nós pensaríamos autônomo e autorreferencial, centrado apenas em si mesmo: pelo contrário, o eu descobre em si mesmo outro diferente de si mesmo; e, sem a relação com esse outro que o cria, o eu simplesmente não existiria. Ele não está "sozinho" no mundo: o infinito é como uma *partnership*, uma parceria que está na origem de seu próprio ser, e da qual depende também toda a atividade de sua inteligência e de sua racionalidade.

Mas não é contraditório ou simplesmente impossível pensar um infinito — uma realidade infinita — que me precede e com a qual estou em relação? Tal relação é apenas pensável entre dois finitos. Sim, é verdade se compreendermos o infinito como o que está "antes" e "depois", ou até "acima" ou "na frente" de nós. Em caso afirmativo, que infinito seria? Mas aqui o infinito é uma realidade que "se produz" agora e se manifesta precisamente na ideia de um ser pensante, que atesta com seu pensamento aquilo que é mais do que o pensamento. Como Emmanuel Lévinas escreveu em *Totalidade e infinito* (1961), precisamente sobre essa ideia em Descartes, "pensar o infinito, o transcendente, o estranho não é, portanto, pensar um objeto. Mas pensar o que não tem as características do objeto realmente significa fazer mais, ou muito mais do que pensar".

Capítulo VI
A VOCAÇÃO DA CARNE

Com o avanço do niilismo — que explodiu inicialmente como uma "patologia" revolucionária e finalmente passou a ser aceito como uma fisiologia normal da condição humana contemporânea —, acaba se modificando também radicalmente o conceito de ser humano como um ser "espiritual".

Já no *Zaratustra* de Nietzsche, a vontade do além-do-homem coincidia com o "permanecer fiel à terra" — instalados na dimensão biológica do corpo —, enquanto os valores espirituais acabaram sendo expostos como meras "esperanças supraterrenas". E aqueles que ainda falam de uma realidade espiritual no homem não são nada mais do que os "envenenadores", "desprezadores da vida, moribundos e eles próprios envenenados" (*Assim Falou Zaratustra*, prefácio, 3). O "espírito" está em outro mundo que não o terrestre, um mundo do além ilusório e mentiroso, que cobre e sublima os impulsos telúricos (e inconscientes) que movem o nosso corpo.

E aqui podemos ver outra grande presença, embora muitas vezes camuflada, da filosofia do nosso tempo, Arthur Schopenhauer. É dele a ideia de que nas profundezas da realidade, e nas profundidades da vida humana, domina uma força cega, uma vontade que não tem propósito e significado algum a não ser sua própria vontade, da qual somos participantes através dos instintos do corpo e que buscamos ao longo da vida conter e capturar, mas da qual acabamos sendo vítimas indefesas. Porque é uma vontade sem razão, que acaba por devorar o mesmo sujeito da vontade. Assim, o instinto, em vez de ser um convite ao prazer, acaba sendo a condenação à dor mais aguda que pode ser experimentada, o que traz um sofrimento absurdo e sem porquê.

De um lado, o ideal ou o espiritual como um céu além-mundano cada vez mais separado da terra; do outro, o corpóreo e o material como o mundo da vontade cada vez mais identificada com o instinto. O fato é que o espírito e o corpo se mantêm juntos ou caem juntos. E, se perdermos um, logo perdemos o outro. Mas isso, para Schopenhauer (e para seus herdeiros, diretos ou indiretos), significa que o que é racional, sensível, orientado para o fim, é realmente apenas uma forma passageira do deformado, uma máscara do caos. Nós "somos" o nosso corpo porque o corpo coincide com a vontade, e a vontade é o "em si" do mundo:

> A vontade é a substância íntima, o núcleo de cada coisa particular e do todo: é vontade aquela que aparece na força natural cega, e é vontade também aquela que se manifesta na conduta racional do homem; a enorme diferença entre os dois casos refere-se apenas ao grau da manifestação, não à essência do que é visto.

E quando Sigmund Freud descobre em sua prática psicanalítica o poder — tanto fisiológico quanto patológico — do inconsciente, começa a considerá-lo um composto de pulsões vitais "recalcadas" ("o recalque é para nós o modelo do inconsciente", escreve Freud em *O eu e o id* por volta de 1923), algo que está "a meio caminho entre a fuga e a condenação". Mas o eu nunca pode fugir de si mesmo e de seus impulsos, enquanto pode condená-los através do julgamento feito pelo "superego", que inibe a satisfação dos desejos vitais. O nosso corpo é habitado e, na verdade, é "vivido" passivamente — abaixo da consciência — por uma força impessoal, que o idioma alemão chama com o pronome neutro "*Es*", de acordo com a ideia do psicanalista Georg Groddeck, da qual Freud acaba se apropriando:

> eu acredito que o homem *tem vivido* através de algo desconhecido: há nele um *Es*, uma entidade prodigiosa, que direciona tudo o que ele faz e tudo o que acontece com ele. A expressão "eu vivo" só é verdadeira num certo sentido, pois expressa apenas um aspecto parcial e superficial desta verdade fundamental: o homem *é vivido* pelo *Es* (Groddeck, *O livro do Es*, 1923).

Tudo na vida depende do *Es*: ele decide sobre adoecer ou ser saudável. É um poder oculto e onipresente que pode transformar-se numa célula de urina assim como numa célula cancerosa, mas, em virtude de sua vitalidade, pode também tornar-se percepção, pensamento e vontade. É conjuntamente inconsciente e consciência. E, ainda assim, Groddeck conclui: "quanto ao *Es* em si, não sabemos nada".

É significativo que, nas novas condições do niilismo contemporâneo, essa força impessoal, que, por assim dizer, atua a partir de dentro da vida dos seres humanos — tanto dos "corpos" como dos "espíritos" — tem sido reinterpretada como um dispositivo político que, a partir de fora, consegue informar e conformar a partir de si o interior da vida e da morte dos corpos humanos. O corpo humano é precisamente cada vez mais considerado a verdadeira aposta na resolução da questão do espiritual. Toda uma série de análises das sociedades modernas, que surge com Michel Foucault e chega a Giorgio Agamben, chamou de "biopolítica" o grande dispositivo que o poder — todo e qualquer "poder" enquanto tal, político, econômico, eclesiástico — aciona para controlar a vida dos seres humanos, por meio da regulamentação, da medicação ou da esterilização do *bios*, que é o único recurso — indefeso e exposto — das pessoas, a partir de seu ser sexual.

De acordo com esses autores, o interesse daqueles que realmente governam o mundo de hoje, ou seja, o poder capitalista na sua forma econômico-financeira extrema, é neutralizar o poder desnudo dos corpos. Veríamos cumprida, assim, uma trajetória que vem desde antes da primeira era moderna, com o controle que os sacerdotes mantinham sobre os corpos através do instrumento da "confissão" das almas, até a reprovação do corpo dos migrantes — seres à deriva, despojados de sua identidade humana — e, não menos importante, até a gestão da emergência da Covid-19 como uma oportunidade para tornar permanente um "estado de exceção", típico de regimes totalitários, teorizado por Carl Schmitt e referido à possibilidade de que, em uma dada situação de crise social, política e econômica, o poder soberano decide sobre a suspensão das leis ordinárias de um Estado. "Junto ao surgimento da biopolítica — escreve, por exemplo, Agamben — estamos testemunhando [...] uma mudança e uma ampliação progressiva, para além dos limites do estado de exceção, da decisão sobre a vida nua em que consistia a soberania". Em comparação com o passado, na verdade,

> aquela vida natural desnuda que, no regime antigo, era politicamente indiferente e, como a vida criatural, pertencia a Deus e que, no mundo clássico (pelo menos na aparência), era claramente distinta, enquanto *zoé* da vida política (*bios*), ocupa agora o primeiro plano na estrutura do Estado e se torna, de fato, o fundamento terreno da sua legitimidade e soberania".

Sendo assim, "na moderna biopolítica, soberano é aquele que decide sobre o valor ou o desvalor da vida enquanto tal" (Agamben, *Homo sacer*, 2005).

Mas o que pode realmente salvar o corpo dos humanos, sua própria vida biológica, *ou seja*, social, política? Quando o niilismo começou a ganhar força se acreditava que, para esse fim, seria necessário (e suficiente) separar o corpóreo do espiritual — entendido como superestrutura abstrata ou dever ser moral —, porque se imputava a esse último a mortificação do corpo. Assim, foi elaborada a contraposição: reduzir o espiritual à elaboração "cultural" do corpóreo, à construção de dispositivos antropológicos, sociais e ético-políticos. A repressão do instinto abriu caminho para a sua libertação (e para o enorme sucesso da sociedade de consumo), mas, como em um círculo vicioso, quanto mais o corpo se libertava, mais ele se entregava indefeso ao controle dos valores tecno-eficientes da cultura dominante e, portanto, a uma forma dissimulada do "espírito".

Todavia, cada um de nós "sabe" por experiência própria o que é o seu corpo. Tal conhecimento é adquirido não só graças à repetição do instinto como um mecanismo de ação/reação, mas devido ao fato de que todos nós percebemos o nosso corpo como uma espécie de "chamada". A coisa que mais me chamou atenção, na ocasião de uma recente operação cirúrgica a que fui submetido, atravessando um período em que o meu corpo não estava disponível para mim, e, antes, se via impedido por muitos obstáculos e exposto às técnicas terapêuticas, é que, através do meu corpo, comecei a entender efetivamente a dimensão encarnada do meu "espírito". O meu corpo não era apenas uma série de tecidos ou sistemas nervosos e sanguíneos, mas um corpo que se recebia a si mesmo, que buscava a si mesmo, que sofria ou gritava, que ultrapassava seu mero *soma*. O meu corpo revelava-se como uma "carne".

A carne é a nossa mais profunda vocação — atrevo-me a dizer — espiritual: é o próprio corpo, o corpo vivido (do qual a fenomenologia nos deu descrições memoráveis, desde Husserl a Merleau-Ponty e Michel Henry), o chamado para sermos nós mesmos — nós próprios, não outros — e, juntos, convocar-nos, chamar também o mundo, a nossa capacidade de perceber sensivelmente o sentido mais-que-sensível da vida.

Como disse Francis Bacon, o artista da carne humana que se torna ela mesma um grito de sentido, até transformar-se num espasmo (basta pensar em uma de suas Crucificações, na forma de animal esquartejado): "É um instinto, uma intuição, que me força a pintar a carne do homem, como se se difundisse para fora do corpo, como se fosse a nossa própria sombra" (*Conversazione con Francis Bacon*, uma entrevista de Franck Maubert que remonta aos anos 1980). Lembra com propriedade — por mais elevado que seja o risco — o anúncio do anjo à jovem chamada Maria: "o Espírito Santo descerá sobre ti, e o poder do Altíssimo estenderá sobre ti sua sombra" (Lc 1,35).

De fato, é incrível ver as carnes expostas e gritantes de Bacon em contraposição com a perfeita compostura dos "encarnados" de Rafael. Uma vez vistos juntos, é como se não pudéssemos mais separá-los uns dos outros, porque na polidez divina da forma rafaelita vibra a mesma sombra que divinamente inquieta e desestrutura a forma baconiana. A mesma "sombra" — aquela que faz do corpo uma carne e que faz da carne a percepção sofredora do Espírito. Em que a dor e a glória se tornam amigas novamente. Foi por isso que fiquei impressionado com o que Julián Carrón escreveu recentemente num livro com um título bem estranho, atraente como uma promessa (*O brilho dos olhos. O que nos arranca do nada?*, 2020):

> O que pode o niilismo superar em nós? Só sermos atingidos por uma presença, por uma carne, que carrega consigo, em si

mesma, algo que corresponde a toda a nossa expectativa, a todo o nosso desejo, a toda a nossa necessidade de sentido e afeto, de plenitude e estima. É só "essa" carne que é capaz de preencher o "abismo da vida", o "desejo louco" de realização que está em nós, que nos pode arrancar do nada.

O niilismo é como um esquecimento progressivo de que a palavra se tornou carne; talvez, então, só a partir da carne será possível reaprender esse *logos*, na medida em que o percebemos.

Capítulo VII
A GRATIDÃO POR TERMOS NASCIDO

A angústia que nos marca a pandemia da Covid-19 vem trazendo à luz, com toda a evidência, a trama niilista que marca de cima a baixo a nossa maneira de compreendermos a nós mesmos e a realidade. Mas, por outro lado, mostrou de repente, com tantas provas, que o niilismo talvez já não esteja à altura da crise que estamos vivendo em nosso tempo. São precisamente as questões que surgem da angustiante emergência sanitária que mostram que a estrutura niilista da vida e da cultura, da política e da sociedade, está como que se estilhaçando, abalada pela implosão.

O círculo se quebra e as perguntas renascem. E nao renascem pela força da análise — este é o ponto de viragem cultural —, embora seja verdade que muitas vezes o *surplus* da análise paradoxalmente arrisca-se a silenciar as questões mais importantes e a falhar justo no ponto mais decisivo da situação. Porque o ponto decisivo somos nós mesmos, e as questões renascem como a "forma" própria do nosso ser no mundo.

A impressão é de que algo está cedendo e que nós nos descobrimos incapazes de sustentar com as categorias habituais o impacto de uma realidade imprevisível: um vírus patogênico que não permite ser apreendido, mas, ao invés, nos agarra e nos "segura" dramaticamente, espalhando a ideia de contágio pela infecção e provocando a mais ampla suspensão da normalidade da vida. Mas o que, basicamente, continua a ser imprevisível e incontrolável — mesmo por meio de todas as estratégias de contenção necessárias — é a nossa própria existência. Esse tempo de pandemia não só nos obriga a lidar com problemas novos e dramáticos da nossa existência individual e social, mas também a compreender — pela vivência — que a nossa própria existência "é" um problema radical que busca uma resposta adequada para a questão da felicidade, ou seja, a questão sobre o absurdo ou o sentido de nosso ser no mundo.

O que hoje me parece ser diferente é que essas questões voltem à baila, ainda que de um modo confuso, como uma competência pessoal: não podemos mais nos contentar em assumir apenas o sentido de nós mesmos, de nosso trabalho, de nossas expectativas, de nossos projetos, assim como de nossas roupas ou dos códigos fornecidos pela grande máquina da cultura dominante, que tem sempre a pretensão — certamente, não de forma desinteressada — de nos dizer quem somos, o que devemos desejar ou alcançar na vida. Hoje, pois, essas questões voltam, em primeiro lugar, a ser "nossas": são perguntas feitas em primeira pessoa.

Contudo, para compreender mais os riscos, partimos da reação "metafísica" (se posso dizer assim) que, com a epidemia, marcou cada um de nós. É como se de repente tomássemos consciência do mundo que, até poucas semanas antes, habitávamos quase automaticamente e percebêssemos a sua presença justo no momento em que este — por razões de emergência e prevenção de saúde — ia se tornando cada vez mais deserto e ameaçador, como uma cena teatral, a partir da qual os atores de repente desapareceram para se refugiar nos bastidores.

E volta essa ideia incômoda, a maior parte do tempo exorcizada por mil coisas que temos a fazer: a ideia de que estamos destinados a finar. Não é um simples *memento mori*, sabemos disso muito bem. Sequer é hipocondria de pessoas deprimidas, devida à restrição de nossas atividades. É muito mais: é a consciência de nossa *finitude*. E é nesse momento que o niilismo joga todas as suas cartas, mas no final correndo o risco de se encontrar sem mais cartas para jogar.

Identificamos, ademais, a finitude da existência com a nossa mortalidade. A morte não é a mera cessação biológica da vida, mas, sim, a dimensão mais adequada com a qual cada um de nós se relaciona consigo mesmo e com os outros, com a natureza e com a história. É o que Heidegger chamou de "ser-para-a-morte" que constitucionalmente pertence à nossa vida. Isso está intimamente ligado ao fato de que os seres humanos, em comparação com todos os outros tipos de corpos, têm a peculiaridade de "ex-sistir" (*Dasein*), ou seja, eles nunca são apenas "o que" eles são, mas o que "podem" ser. Ou seja, são sempre uma possibilidade aberta. E, no entanto, esse possível ser dos seres humanos, isto é, do ex-sistir, a sua abertura para frente, recai sempre para trás, em seu "estar lançado" no mundo. No entanto, esse estar lançado não significa simplesmente que vivemos em uma determinada situação de espaço e tempo (aqui e agora), e sim que somos e estamos entregues irrevogavelmente a nós mesmos, sem referência a ninguém que se responsabilize por nós e sem relação com alguém que nos sirva de parâmetro de orientação. É claro que nos relacionamentos com milhares de pessoas, coisas, situações, mas em nosso ser estamos sós, não podemos confiar em ninguém a não ser em nós mesmos; e é por essa razão que nunca "seremos plenamente realizados", porque o nosso ser, como é designado e entregue inteiramente a si mesmo, é diferente do ser de todas as outras coisas. Não podemos ser reduzidos a nenhum outro ente, mas ao mesmo tempo essa irredutibilidade é o que nos confina em nós mesmos como seres "impossíveis" a partir de sua própria natureza.

> Esse caráter de ser do ser-aí — escreve Heidegger em *Ser e tempo* (1927) — que consiste em estar imerso no de-onde e para-onde, mas muito mais radicalmente descoberto em si mesmo, a esse "ser-aí" nós chamamos de o *estar lançado* desse ente em seu "aí": assim o ser-aí, enquanto ser-no-mundo, é o seu "aí".

Sendo assim, se a finitude está ligada à nossa mortalidade, como uma condição ontológica do viver como um ser e estar lançado no próprio si-mesmo desnudo, é sinal de que todos nós estamos marcados por uma "impossibilidade" insuperável. Todas as nossas possibilidades — projetos, ações, transações, construções — jamais conseguirão ser levadas a termo final para que "cumpramos" a nossa vida. Um sinal disso é o fato de que cada vez que acreditamos ter alcançado a realização através das coisas que conseguimos "fazer" surge imediatamente — de forma tácita ou explícita — uma insatisfação mais profunda, porque nenhuma das nossas realizações pode jamais cumprir o nosso desejo de felicidade. Isso seria muito pouco.

Não é por acaso que o próprio Heidegger (sempre em *Ser e tempo*) teria chamado atenção para um fenômeno que faria um enorme sucesso na compreensão da condição humana no século XX, a saber, a "angústia", uma espécie de "desorientação" frente ao imprevisível, uma situação onde as coisas já não nos dizem mais nada, o mundo se recusa a mostrar-nos o seu sentido, e o nosso ser vai perdendo seu brilho rumo ao "nada". E esse nada seria o nome extremo que, para Heidegger, podemos dar ao mistério do ser, para protegê-lo de nossas representações subjetivas e de nossa tendência contínua a identificar a verdade com os produtos de nossas "maquinações".

Não estamos falando apenas de filosofia abstrata, mas do tecido de nossa consciência diária, dessa sensibilidade metafísica por si mesma e para o mundo que se move a partir de dentro de nossa experiência de seres conscientes (infinitamente mais amplo do que nosso ser de acadêmicos de filosofia). Mas o que significa que não sejamos simplesmente o que conseguimos fazer (de nós mesmos e do mundo), e sim que, no fundo, estejamos destinados à nossa própria "impossibilidade"? Que somos seres finitos, claro. Por outro lado, porém, o conceito de finitude não alude apenas ao fato de que somos seres-para-a-morte, mas também — e mais ainda — que somos seres que "nasceram".

Isto é o que Hannah Arendt nos recorda, identificando em nosso "nascimento" o traço característico de nosso ser no mundo. Nascer não é apenas um acontecimento do nosso passado, é também uma dimensão permanente da nossa existência, sempre chamada a "começar" algo, a implementar as suas possibilidades e, sobretudo, a realizar-se a si mesma não porque seja capaz de o fazer (quem está sempre à altura de ser?), mas porque recebeu a si mesma como um dom. Essa recepção de si mesmo não está na ordem da necessidade, mas sim da pura possibilidade — nas fronteiras do impossível —; contudo essa possibilidade não tem a marca do descartável, e sim a vibração da gratuidade.

É uma característica própria de cada novo começo — escreve Arendt em *Entre o passado e o futuro* (1968) — entrar no mundo como "uma improbabilidade infinita": ora, esse infinitamente improvável constitui de fato o tecido de tudo o que é chamado de real. No fundo, toda a nossa existência se basearia numa cadeia de milagres.

O improvável, poderíamos dizer, é um impossível que mantém dentro de si o traço permanente da possibilidade, do evento.

Milagre é esse evento, porque não é devido, não é previsível, não é estatisticamente redutível a um caso. E isso significa que, na série de ocorrências naturais, todo e qualquer nascimento é o princípio de uma identificação irredutível e irrepetível.

Continua Arendt:

> Se considerarmos os processos que ocorrem no universo e na natureza (favorecidos por probabilidades esmagadoras a partir do ponto de vista estatístico), a formação da terra (no curso dos processos cósmicos), a vida orgânica (que é formada a partir de processos inorgânicos), e, finalmente, o nascimento do homem (pelos processos da vida orgânica), nos parecerão ser todos como "improbabilidades infinitas": isto é, na linguagem cotidiana, "milagres".

Essa dimensão "milagrosa", segundo a filósofa, está "presente em todas as realidades", por isso, os acontecimentos, quando surgem, nos "surpreendem e nos abalam". Eis a mostra da finitude ontológica de cada nascimento: "A mesma força de impacto de um evento não pode ser explicada até o fim: em princípio, o 'fato' excede todas as previsões". Aqui, o milagre não tem mais nada de "arbitrário" ou "artificial" ou mesmo "supersticioso". É muito mais uma experiência "muito natural, na vida cotidiana". E é algo "realista" procurar esse milagre, não apesar de, mas precisamente porque "não pode ser previsto".

A mesma vibração cognitiva pode ser vista também em uma carta enviada por Arendt a Karl Jaspers em 1965: "ser fiel à realidade das coisas, para o bem ou para o mal, implica um amor integral pela verdade e uma gratidão total pelo próprio fato de nascer". Somente essa gratidão pode superar a angústia e o ressentimento pelo fato de que as coisas vão embora (Alain Finkielkraut chamou atenção para esse fato em um belo livro-entrevista de 1999, intitulado precisamente *A ingratidão*).

Contudo, a gratidão depende da percepção de que nascemos, que somos filhos de alguém, isto é, de carregar dentro de nós a profunda promessa do início.

Muitos de nós, nos dias terríveis do *lockdown*, tivemos diante de nossos olhos o testemunho de muitos médicos e enfermeiros que literalmente deram suas vidas atendendo ao pedido de ajuda vindo de pacientes do coronavírus. No entanto, reduziríamos essa ação considerando-a apenas um ato heroico da vontade: essas pessoas, em vez disso, lembram-nos a gratidão de termos nascido, que é como o início da alvorada, a luz que se espalha inesperadamente na escuridão da provação. Dessa prova que é a vida, em seu nascimento a cada instante.

Capítulo VIII
O CHOQUE PERANTE O MISTÉRIO

O que realmente pensamos quando falamos sobre "realidade"? Não me refiro, a princípio, às teorias subjacentes ou que influenciam — consciente ou inconscientemente — os nossos discursos diários. Eu gostaria de iniciar, antes, a partir desses discursos e por uma constatação tão evidente quanto inquietante: o fato de que um vírus invisível e incontrolável tenha invadido silenciosamente, mas inexoravelmente, nossas vidas, desmontando de alto a baixo a ordem que, bem ou o mal, regia a nossa sociedade, deixando a descoberto diante dos nossos olhos um abismo ameaçador, como se, de repente, se abrisse a nossos pés uma ravina da qual não podemos ver o fundo. E beiramos o limite, intrigados e assustados, tentando tomar todas as medidas para não cair no abismo, mas também inseguros a respeito de como superá-lo e prosseguir em nossa vida "normal". O caos parecia ter tomado conta do mundo habitual, explodindo hábitos, relacionamentos, planos e estratégias, e forçando-nos a perguntar se o que tínhamos até então experimentado — e como tínhamos experimentado — era verdade, era real, ou era apenas uma convenção instável, ou, pior ainda, uma ilusão frágil.

No fundo de todas as garantias que nos apressamos a dar uns aos outros, na tagarelice intrusiva dos longos dias de quarentena, se depositou como que um sentimento de impotência diante do imponderável. É bem verdade que, mais cedo ou mais tarde, chegaríamos a controlar essa situação; mas algo assim poderia voltar, a qualquer instante, quando menos esperássemos, como uma ameaça permanente no horizonte. O fato é que isso não é apenas uma reação ansiosa ou uma insegurança psicológica, mas um verdadeiro *choque perante o mistério*.

Para compreender o significado da palavra "realidade" somos forçados hoje a reconhecer que a realidade implica, por sua própria natureza, o "mistério". E essa última palavra, depois de muito tempo, volta a figurar em nossa percepção do mundo e nos informa que o real é algo diferente de nós, é algo maior do que nós, imprevisível em relação ao nosso controle. Hoje isso parece uma evidência indiscutível, visto que essa alteridade nos tocou de repente, e com força, sem estarmos preparados para ela. Mas, por muito tempo — o tempo do niilismo, precisamente —, *mistério* tem sido uma palavra marginal e cada vez mais marginalizada no vocabulário das sociedades avançadas.

Certamente cada um de nós, a partir do primeiro surgimento da consciência, trouxe e continua a trazer dentro de si uma percepção do mistério frente às experiências fundamentais da vida: a doce surpresa do amor, a alegria imerecida do nascimento de um filho, o drama amargo da morte de um ente querido. Momentos misteriosos que abrem fendas profundas na aparentemente compacta superfície da vida, fazendo com que se perceba subitamente a sua profundidade insondável. Suscitando espanto, mas também consternação; admiração e medo simultaneamente. É esse "real" chocante que perturba e questiona a rotina de uma "realidade" tomada como evidente e óbvia, para usar os dois termos propostos por Jacques Lacan. Recordamos as imagens inesquecíveis de alguns grandes pintores contemporâneos, como os "cortes" na tela de Lucio Fontana ou os sacos queimados e as "rachaduras" de Alberto Burri. Fendas, fissuras, buracos, feridas que mostram a dimensão misteriosa da realidade, junto à natureza real do mistério. Lá onde o visível se refere ao invisível e o invisível nos faz descobrir o alcance completo do visível.

Durante muito tempo o mistério foi confinado aos quadros do irracional, ou do que simplesmente não podemos explicar. Um território escuro e enigmático no qual nossas deduções mentais não conseguem penetrar. O moderno racionalismo tentara de várias maneiras neutralizar o que excede a nossa capacidade de medir o mundo, isto é, aquilo que não se encaixa nos conhecimentos *a priori* da nossa razão, até a grande afirmação do positivismo que declarou que o mistério nada mais seria que uma superstição, que a ciência, progredindo, teria inevitavelmente pulverizado. A reação a essa pretensão ilusória nos levou então, em alguns momentos do pensamento do século XX, a reabilitar o mistério como puro caos, como o irracional ingovernável, como nada que está sempre pronto para nos devorar ou mesmo como o selo da nossa incapacidade existencial. Assim, o mistério ou é derrubado pelo poder da razão que mede tudo ou é confinado como um sinal da impotência de nossa razão.

No entanto a crise do nosso tempo — que é também a crise do niilismo — nos desafia a focalizar essa presença de mistério em nossa vida por meio de nosso conhecimento. Só que o mistério é escabroso, não é nada edificante nem sentimental: ele nos coloca em apuros quando compreendemos a consistência do mundo e quando descobrimos que há uma *lógica* do mistério, sem a qual nossa compreensão racional do mundo seria amplamente restrita em sua funcionalidade. Não é uma experiência que todos nós temos, pelo menos, às vezes, quando, ao lidar com as coisas, reconhecemos que a realidade tem um sentido infinitamente maior do que as nossas medições? E não é verdade que quando isso acontece acabamos conhecendo *mais*, mais profundamente, mas também mais amplamente o mundo?

Todavia, essa questão jamais será pacificada ou resolvida de uma vez por todas. Quando a razão reconhece o mistério, há sempre uma luta dramática entre as nossas justas pretensões de ter na mão a solução da vida e a provocação obstinada da realidade. E, assim, sempre haverá alguém — não só fora, mas também *dentro* de nós — que continuará a reduzir o mistério a um "doce sonho" (para usar a expressão do filósofo das questões da mente Daniel C. Dennett, um dos expoentes do reducionismo), fruto de nossas emoções e expectativas ilusórias, às quais não corresponde nenhuma realidade.

Resta, porém, outro ponto não resolvido que nos preocupa, a saber, a nossa própria consciência. É o nosso "eu", o mistério mais inevitável para nós mesmos. Realmente, nos dias atuais, a disputa passou da metafísica para as ciências cognitivas. Para muitos de nós, a mente é um mistério porque ainda não sabemos como os nossos atos de consciência, racionais e livres, são causados pelos processos bioquímicos do nosso cérebro. Isso porque, no fundo, como escreveu John R. Searle, "a consciência é parte de nossa natureza biológica, tanto quanto digestão, secreção biliar, mitose ou meiose" (*O mistério da realidade*, 2019).

Desse ponto de vista, é de particular interesse para o tema do "mistério" uma troca de pontos de vista que se deu, dentro de um horizonte marcado pelo "naturalismo biológico", entre Searle e Dennett. Esse último, sempre em seu livro de 2005 sobre *Sweet Dreams*, ou "ilusões filosóficas da consciência", comparou o caminho que deve ser trilhado para se livrar do (alegado) mistério da consciência, com o processo realizado em sua época, graças à teoria astronômica copernicana, em comparação com o modelo ptolomaico. Na observação sensível de cada um de nós, continua a *parecer* — na superfície — que a Terra está parada e que o Sol e a Lua giram em torno dela, mas todos nós *sabemos* que — na realidade — acontece o contrário, e que a nossa percepção não passa de uma ilusão perceptiva que perdura. Da mesma forma, explicar o surgimento da consciência apenas com base nos mecanismos cerebrais nos leva inevitavelmente a considerar ilusória qualquer concepção da consciência entendida como uma realidade completamente diferente da biológica, em relação à qual ela permaneceria como um "mistério" ou um "milagre". Em suma, a consciência é um fenômeno que pode e deve ser explicado "na terceira pessoa" ("ela"), uma vez que a "primeira pessoa" ("eu") é apenas uma perspectiva enganosa. E, então,

> haverá um dia em que filósofos, cientistas e pessoas comuns irão sorrir dos traços fósseis de nossas confusões sobre consciência [e dirão]: *"parece* ainda que essas teorias mecanicistas de consciência deixam escapar alguma coisa, mas *é claro* que isso é uma ilusão. Na realidade, elas explicam tudo o que precisa ser explicado sobre a consciência" (itálico meu).

Quem diria hoje que a Terra ainda está no centro do Universo? E, quando dizemos que amanhã o Sol nascerá, sabemos muito bem que estamos falando de uma ilusão e sabemos por que é uma ilusão, tendo descoberto a realidade efetiva do movimento dos planetas. Quem poderá afirmar ainda — muito em breve, de acordo com a previsão de Dennett — que a consciência é um problema da subjetividade mental das pessoas, uma vez que esse problema foi eliminado por uma explicação mecanicista? É claro que vamos continuar dizendo "eu", a falar na primeira pessoa do singular, mas sabendo que é uma invenção literária, doce e talvez até necessária para se viver, mas na realidade enganosa, e até inexistente (voltaremos a isso no capítulo 16). Até aqui, continuamos com as ideias de Dennett.

A esse posicionamento "eliminativista" responde Searle, afirmando que à consciência não se aplica o processo de desmascarar uma ilusão, explicando como ela difere da realidade, pela simples razão de que, mesmo quando nos iludimos sobre algo, já estamos de fato exercendo a atividade de nossa consciência. Ela pode iludir-se, é claro; mas não é ilusório, é bem real, o fato de ser iludido (um argumento que já fora proposto pelo magnânimo Descartes).

> Não podemos realizar essa operação sobre a consciência — observa Searle — porque, no que diz respeito à consciência, não podemos fazer a distinção aparência-realidade que estabelecemos para outros fenômenos. E a razão é que, se eu tenho a ilusão consciente de estar consciente, então eu estou consciente. Se agora *me parece* conscientemente que estou consciente então *estou* consciente. [...] No que diz respeito à existência da consciência, a ilusão é a realidade, a ilusão da consciência é ela própria a realidade da consciência (*Consciência, linguagem, sociedade*, 2009; itálico meu).

Contudo, para Searle, isso não significa de modo algum voltar a propor o antigo dualismo mente-corpo. Num texto anterior, intitulado *O mistério da consciência*, ele havia dito que a consciência é uma realidade "que surge" dos processos neurobiológicos, no preciso sentido de que esses últimos "causam" como seu efeito "estados subjetivos de consciência e sensibilidade", embora *ainda* não saibamos como isso acontece. Uma coisa é certa: assim como a liquidez da água é o resultado do movimento de moléculas que, em si, não são líquidas, assim, a subjetividade da consciência deve ser o resultado de fatores neurobiológicos, em si mesmos, não conscientes. Mas, então,

> O mistério da consciência será progressivamente removido quando resolvermos o problema biológico da consciência. O

mistério não constitui um obstáculo metafísico para se compreender o funcionamento do cérebro; o sentido de mistério decorre do fato de que, até o presente, não só não sabemos como ele funciona, mas sequer fazemos ideia de como o cérebro poderia funcionar para produzir a consciência. Sequer compreendemos como tal coisa é possível. No passado também nos encontrávamos em uma situação semelhante (*O mistério da consciência*, 1997).

Há, portanto, um mistério na realidade da nossa consciência. Será apenas uma ilusão óbvia que precisa ser removida? Será uma ignorância temporária que irá desaparecer quando explicarmos a sua causa? O fato é que a consciência, de alguma forma, sempre faz troça de seus analistas e especialmente de seus críticos. Porque ela já está atuando naqueles que querem desconstruí-la; na verdade, sua desconstrução é a prova de sua função. Podemos ignorar, ou simplesmente problematizar, o tipo de realidade que perfaz a consciência, mas, fazendo isso, já estamos dentro de sua função de desempenho. Aqui reside o seu mistério: ele não depende, negativamente, apenas de nossa incapacidade de apresentar razões da nossa consciência subjetiva, porque, pelo contrário, ele, o mistério, pertence propriamente à capacidade sensível e de pensamento de nossa consciência, e, por assim dizer, está incorporado nela.

Qualquer teoria que se queira afastar dessa consciência, para ser explicada a partir do exterior, na verdade, não vai muito longe, porque a consciência da qual gostaria de se distanciar, para ser capaz de analisá-la e dissecá-la como um achado neurobiológico, de fato, sempre a carrega consigo. Então, de onde vem essa capacidade persistente do meu ser consciente (e autoconsciente)? O mistério não é a falta de resposta a essa pergunta, mas coincide exatamente com ela. Ao trazermos à tona essa questão, o mistério se manifesta. Seu destino não é tanto o de ser resolvido ou esclarecido, como se fosse uma névoa para o conhecimento, mas de permanecer — através da pergunta sempre aberta sobre si mesmo — como a origem permanente de todo o conhecimento.

Também aqui, portanto, não podemos reduzir o problema às nossas próprias medidas: devemos razoavelmente envolver o mistério para entender como a natureza biológica se torna consciência e liberdade. E especialmente *para que*. Em suma, o mistério também permanece em todas as nossas explicações sobre "como" funciona a realidade. Pelo contrário, exatamente pelo fato de compreendermos o modo de ser das coisas, somos tomados de admiração pelo *fato de que* elas existem. Como Ludwig Wittgenstein escreveu no fim de seu *Tractatus logico-philosophicus* (1921), "não *como* o mundo é, é o místico [isto é, o mistério], mas *que* ele é" (6.44).

Capítulo IX
A DISTÂNCIA ENTRE CERTEZA E VERDADE

E o que será de nós? No tempo da crise pandêmica — como em qualquer situação crítica que toca a existência pessoal e social —, essa questão voltou a nos importunar de modo pungente e implacável. Pungente, porque é o sinal de uma última ternura em nossos confrontos, como um cuidado que tomamos para com o nosso destino, ou seja, a possibilidade de alcançar ou não o que desejamos na vida. Implacável, porque é uma questão à qual não podemos dar uma resposta óbvia ou automática de acordo com nossas intenções ou nossos planos. Por meio dela, realmente, percebemos que estar no mundo significa estar sempre em questão, e que a vida é uma aventura — individual e coletiva — na qual estamos sempre implicados.

A única resposta a essa pergunta é que ninguém pode ter a certeza do que vai acontecer. E é de fato uma incerteza que se vai adentrando e caminha a passos largos, o sentimento mais compartilhado em nossa condição atual. Mas estamos assistindo também a uma mudança cultural bem clara. Na longa época do niilismo, da qual todos somos herdeiros, a certeza tinha sido considerada por todos os lados como uma espécie de desvalor, um resíduo dogmático em relação à emancipação da razão crítica, cuja tarefa parecia ser precisamente desmantelar toda a certeza como uma presunção perigosa e, em última análise, como uma reivindicação impossível.

Esta posição teórica baseou-se na constatação sincera de que o nosso modo de conhecimento, sempre parcial e limitado, nunca nos permite captar a essência indubitável ou a verdade última do mundo. Mas havia também outra razão (talvez menos inocente e mais ideológica) que sustentava a impossibilidade da certeza, ou seja, que, no fundo, essa última seria apenas um constructo de nossa mente, uma estratégia psicológica, cultural e social para nos protegermos dos riscos da vida e do mundo. Em suma, ter a certeza significaria *querer* acreditar em algo incerto *de per si*. O extremo disso é afirmar que a única certeza é de que não estamos certos de nada — exceto uma coisa, assentada em nossa linguagem cotidiana, quando, para expressar a absoluta convicção sobre um evento ou uma pessoa, dizemos que é "certo como a morte". Então, para viver, agarramo-nos às certezas que nós próprios construímos, trancando-nos em cercas de segurança ou confiando em narrativas coletivas.

Por outro lado, apesar da teoria, a incerteza foi se impondo com cada vez mais força como o verdadeiro mal de estarmos vivendo na transição do século XX para o século XXI. É o que o sociólogo Zygmunt Bauman descreve várias vezes, com lucidez (por exemplo, no ensaio *Medo líquido*, 2006) como uma nova percepção da nossa impotência e contingência, após o colapso de várias tentativas modernas de substituir a Deus "assenhoreando-nos" de nossas vidas. Para exorcizar essa incerteza, os indivíduos dependem voluntariamente da proteção da sociedade e do Estado, mas essa é uma expectativa cada vez mais desapontada, que acaba sendo um peso sobre os ombros dos indivíduos, agora expostos a ter de enfrentar, indefesos, os eventos imprevistos da vida.

Esse autor foi secundado por outro grande sociólogo, Ulrich Beck, observador atento do que ele chama de "sociedade global de risco"; ele aponta que "a segurança antropológica da modernidade" revela ser "uma areia movediça", e o indivíduo é sobrecarregado pela nova e grave responsabilidade — material e moral — de enfrentar os riscos globais com base em sua decisão individual (e esse nosso tempo viral nos dá uma oportunidade única de compreender o que é um risco mundial que tem de ser enfrentado por meio de comportamentos individuais). Isso tem como consequência paradoxal que o indivíduo pós-moderno, aquele que persegue como ideal uma "vida própria", liberta do condicionamento de todos os outros laços, menos do compromisso consigo mesmo, acaba entrando em pânico ao pensar no risco de o sistema de segurança entrar em colapso. E, assim, longe de ser o mestre de si mesmo, apela cada vez mais à "racionalidade do controle" no âmbito político, social e tecnológico, a fim de tornar "novamente viável o funcionamento imperturbável dos sistemas" (*Sociedade global de risco*, 2007).

O paradoxo, então, é que justamente numa época de incerteza generalizada volte a se colocar, de modo positivo, a questão sobre se há algo de que tenhamos certeza ou alguém em quem confiemos completamente — e ressurge não como uma hipótese abstrata, mas como uma necessidade essencial para viver. De repente, a teoria cética que identificava *tout court* o estar seguro com o ser dogmático se mostra simplesmente inadequada para se compreender o problema da existência do homem contemporâneo. Como se ele estivesse errando descaradamente o alvo.

Entretanto, como muitas vezes acontece, de dentro de uma crise pode surgir uma nova compreensão dos fenômenos constitutivos da condição humana e das palavras com que os designamos. Geralmente, a "certeza" é vista como uma experiência *subjetiva*, ao contrário da "verdade", que indicaria um estado *objetivo* de coisas. E, por essa razão, alguns filósofos preferiram a verdade à certeza, seguindo a motivação segundo a qual também se poderia ter certeza de coisas em si mesmas deploráveis. Em suma, a passagem da certeza para a fé cega e irracional estaria sempre à espreita. Afinal, quando Hermann Göring, um dos nazistas mais devotos, disse: "Não tenho consciência, a minha consciência chama-se Adolf Hitler", ele não estava expressando uma certeza (trágica)? Nesse caso, a certeza é entendida como uma crença de que a questão da verdade já não existe.

Contudo, não basta apelar à verdade para destruir a certeza. Tentemos fazer o contrário e nos perguntemos: o que seria uma verdade sem certeza senão um conhecimento sem impacto e influxo na minha existência? A verdade, em si mesma, é independente de nossas opiniões ou reações; no entanto, é só quando a reconhecemos, quando concordamos ou discordamos dela, que a verdade se torna nossa "experiência". Aqui está todo o núcleo da certeza, sem o qual não poderíamos viver: o *assentimento* dado pela nossa inteligência — impulsionada pela nossa liberdade — ao real que nos vem ao encontro.

O problema crítico de uma divergência entre a verdade e a certeza, em conjunto com a urgência, igualmente importante, de sua mútua implicação, apareceu de forma clara e impressionante em uma polêmica que se deu há alguns anos contra os ramos pós-modernos da hermenêutica, segundo a qual — essa seria a acusação —, em nosso conhecimento do mundo, jamais haveria verdadeiramente "fatos" objetivos a serem considerados, mas tudo não passaria de uma interpretação, uma construção cultural ou, pior ainda, um controle político em que o saber se transforma em "poder" e o poder controla o saber. Numa trajetória que, partindo de Nietzsche, chegaria a Heidegger e Gadamer, e, fazendo passagem por Foucault, acabaria topando com Gianni Vattimo e seu "pensamento débil", o destino da ontologia — a "dura", de uma realidade objetiva e independente de nossas interpretações — seria dissolvida em epistemologia pura. O estopim da controvérsia filosófico-política fora aceso por Maurizio Ferraris, que, por sua vez, era visto como o arauto de um "novo realismo", no qual "inalterabilidade" da realidade em relação aos nossos padrões mentais tornava-se também a chave de uma prática política realmente emancipatória, em nome da objetividade dos fatos e das situações reais do mundo. Em suma, trata-se de um retorno à objetividade ontológica no conhecimento e na ação social, negando, assim, o lugar-comum pós-moderno segundo o qual, libertando-se da verdade e do tempo, focando tudo como um perspectivismo hermenêutico, se asseguraria a liberdade política dos direitos e das opiniões. Os novos realistas contra-argumentaram que, em vez disso, o resultado de todo esse processo era o populismo e as *fake news*. Em suma, quando as certezas ideológicas entram em crise e mesmo a hermenêutica ousa propor uma versão fraca e problemática de "certeza" como interpretação (a única certeza é que todos interpretam o mundo de forma diferente), é hora de retornar à "verdade" boa, velha e confiável, e ter paciência para a certeza: demasiado subjetiva, pouco fiável, ambígua, para não correr o risco de ofuscar a verdade.

O ponto central é, no entanto, que não podemos resolver a questão simplesmente colocando os fatos de novo *no lugar* das interpretações. Ao fazê-lo, confirmaríamos basicamente o dualismo entre o real, compreendido em sua dureza objetiva, e o nosso eu, entendido como uma prática meramente subjetiva. Por isso, teríamos ou os fatos ou as interpretações. Contudo, vamos supor que esse retorno ao "realismo" nos ajude — às vezes, mesmo sem querer — a entender a ligação original e inseparável entre esses dois fatores.

Talvez então devêssemos partir do sentido do real como um "dado": algo que existe independentemente de mim, mas que volta a me colocar em jogo. Tudo se desenrola, a meu ver, numa relação totalmente aberta, isto é, desprovida de preconceitos, entre o pensamento e a realidade. Qual é o risco sempre iminente da disputa entre o pensamento "frágil", segundo o qual não há fatos, mas apenas interpretações, e o "novo" realismo, segundo o qual há fatos objetivos inalteráveis e independentes de nossas interpretações? De um lado, conceber um pensamento desvinculado do constrangimento da realidade, e de outro, uma realidade simplesmente independente do pensamento. Das duas coisas, uma: *ou* temos os fatos que não se deixam modificar *ou* as interpretações que pretendem modificar tudo.

Entretanto, no intercâmbio entre as duas posições, o que vai se solidificando é a ligação constitutiva entre pensamento e realidade, ou entre razão e mundo, de modo que a interpretação permanece apenas como uma "perspectiva" subjetivista, enquanto o único sentido possível da objetividade do real é ser externo ao sujeito. Na hermenêutica pós-moderna, o processo é como se *eu não pedisse mais nada à verdade* e a minha liberdade fosse apenas a bela violência da vontade, ou a (menos bela) violência do poder; no realismo objetivista (onde se ressente um pouco do eco do velho e do novo positivismo), é como se *a verdade não pedisse mais nada a mim*, a não ser para ser reconhecida como aquilo que não sou eu. Mas eu... bem, isso continua a ser apenas o reino das minhas interpretações e construções culturais.

Trata-se, portanto, de reconquistar uma verdade como "minha", à qual eu possa assentir com toda a afetividade da minha razão, *certificando-me* de que essa verdade esteja à altura das necessidades da minha razão. E o que importa, aí, é questionar permanentemente nossas certezas para *verificar* se elas estão à altura do dar-se efetivo do mundo.

Entre aqueles que mais convincentemente abordaram a certeza como uma dinâmica essencial da nossa inteligência e afetividade, está certamente John Henry Newman. Wittgenstein sabia bem disso, pois o cita no início de seu livro *Da certeza*. Em *Uma gramática do assentimento* (1870), Newman nos diz que a certeza humana é "a percepção de uma 'verdade' acompanhada pela percepção de 'que é uma verdade'": isto é, quando uma coisa verdadeira não é apenas verdadeira, mas é alcançada, conquistada, conscientemente assimilada como sendo "nossa". A certeza de que precisamos não é apenas um asseguramento ou uma garantia sobre a vida, mas a confiança em algo verdadeiro que não é feito por nós mesmos, que nos é dado ou que encontramos, mas graças ao qual podemos caminhar, correr riscos e até mesmo cometer erros sem perder o caminho, isto é, a meta. Tal certeza não pode ser simplesmente concebida ou programada por nós: requer o testemunho de alguém em quem podemos razoavelmente confiar.

A certeza de que precisamos é aquela para a qual um eu sozinho ou um narciso pode se tornar um nós compartilhado. E, de fato, desde o primeiro olhar de nossa mãe, quando viemos ao mundo, e depois gradualmente, ao longo dos encontros decisivos na vida, a verdadeira certeza é sempre um "tu".

Capítulo X
PERGUNTA-ME SE SOU FELIZ

Mas, no final do percurso, seremos realmente felizes? Será que a promessa silenciosa que nos preocupa, e às vezes nos corrói por dentro, será cumprida? Ou deixará para trás apenas um arrependimento? Aquela promessa de felicidade é como a intencionalidade profunda em cada gesto, em cada ato de conhecimento, em cada iniciativa. Claro que, de vez em quando, queremos uma coisa ou outra, almejamos determinados resultados, tentamos resolver problemas particulares, mas é essa expectativa de autorrealização que dá impulso e energia ao nosso movimento humano.

Normalmente, olhamos para essa expectativa com uma espécie de pudor ou, como Rilke escreveu uma vez, com "vergonha", como se fosse "uma esperança que não pode ser dita" (*Elegias de Duíno*, II, 43). Todo o esforço do pensamento humano, pelo menos na parte do mundo em que se estabeleceu a filosofia ocidental, sempre teve em vista essa realização impronunciável: e de que forma se poderia definir a plenitude da vida, isto é, uma satisfação que não é apenas de um momento que passa, mas que dura para sempre? É claro que nós, "niilistas", quase instintivamente lidamos com estas palavras com grande cautela, misturadas com certo ceticismo, tão grande é a sua reivindicação e tão ardente a desilusão que temos sentido muitas vezes em relação às suas promessas. Assim, a felicidade permanece como se estivesse à margem de nossos planejamentos, uma expectativa que é basicamente irracional, precisamente porque não pode ser calculada. E, muitas vezes, quando quiçá tenhamos tentado produzi-la por nós mesmos, a felicidade acabou se mostrando como um sonho irrealista, talvez impossível.

Sem contar que a questão da felicidade foi a razão motriz de grande parte da nossa história — pessoal e cultural — até ser codificada como um "direito inalienável", juntamente com a vida e a liberdade, na *Declaração de Independência* americana, de 1776: o direito de "buscar a felicidade [*pursuit of Happiness*]"

As grandes estratégias do mundo clássico, grego e latino ainda brilham no patamar em que se encontram; mas, quanto mais brilham, mais se afastam como corpos celestes inalcançáveis. Isso não as impede de ser frequentemente tomadas como modelos antropológicos e éticos — de uma ética de limite, de medida e finitude — pelas tendências neopagãs da época niilista (refiro-me ao apaixonado apelo de Salvatore Natoli ao neopaganismo). E isso também refuta a falsa crença de que o niilismo é sinônimo de desregramento e libertinagem: no final do século XIX ainda se podia pensar assim, mas, em seguida, depois da *Belle époque*, durante o século das guerras mundiais e das ideologias totalitárias, o niilismo se tornou o paradigma de ordem e de moralização. E quando, entre o final do século XX e nossa época atual, o niilismo muitas vezes tomou a forma de relativismo, o apelo a uma ética de autoeducação do homem, mais do que uma alternativa ou uma fuga do niilismo, se estabeleceu como o *outro lado* da tendência mais conhecida e notável da demolição dos valores da moral tradicional.

Por isso, a referência à estratégia das virtudes pagãs — consideradas inteira e exclusivamente "naturais", ainda intocadas pelo caruncho irritante do sobrenatural cristão — é, muitas vezes, vista como o lado "construtivo" do niilismo da nossa época. Como não pensar no ideal aristotélico, segundo o qual a felicidade perfeita consiste na atividade contemplativa, isto é, na prática da reflexão intelectual através da qual o ser humano pode tomar em suas mãos sua própria vida e fazer dela uma obra realizada de acordo com a imagem mais elevada de si mesmo? Uma atividade à qual só os deuses e os filósofos podem alcançar, porque neles pode realizar-se a natureza racional da vida, aquela que nos torna livres para ver o mundo de modo desinteressado, em sua necessidade e eternidade. Como não se lembrar da famosa passagem da *Ética a Nicômaco* de Aristóteles?

> A medida de extensão da contemplação é a mesma medida da extensão da felicidade, e naqueles em quem há maior contemplação há também maior felicidade: e isso não acontece por acaso, mas por meio da contemplação: de fato, ela tem valor em si mesma. Assim, a felicidade é uma espécie de contemplação (1178b 28-32).

Mas também vem à mente o contracanto epicurista, ou de um antigo estoico, de acordo com o qual o homem pode ser feliz somente quando consegue moderar suas necessidades e suprimir toda perturbação e as preocupações da alma, e "contentar-se" — isto é, satisfeito e ao mesmo tempo delimitado — dentro de suas próprias medidas. Como no caso da contemplação intelectual, também na abstenção do prazer os seres humanos são chamados a realizar a felicidade por meio do exercício de suas virtudes ou graças a uma estratégia defensiva. As *Máximas capitais* do assim chamado tetrafármaco de Epicuro nos fornecem um significativo critério do caminho para se chegar à felicidade, como uma estratégia de autocontenção da vida: "Deus é uma coisa de que não devemos temer; a morte é algo que não é percebido; o bem é fácil de ser alcançado; o mal é fácil de suportar" (*Máxima* I). Para Epicuro, o homem que adotar esses critérios em sua vida terá muita facilidade de se livrar do que parece — mas para ele apenas *parece* — ser o obstáculo mais grave para a nossa felicidade, ou seja, o *medo* da morte. Vencido o medo, também diminui a ameaça da morte:

> Acostuma-te a pensar que a morte não é nada para nós — escreve Epicuro em sua *Carta a Meneceu* —, pois todo bem e todo mal residem na sensação. Portanto, o conhecimento correto de que a morte não é nada para nós também nos faz aceitar com tranquilidade o fato de que a vida termina com a morte, não nos oferecendo, assim, um tempo infinito, mas libertando-nos do desejo de imortalidade.

A felicidade é uma libertação do desejo infinito, da nossa tendência ao "para sempre".

No mundo pagão, filosofia servia, precisamente, como uma espécie de "exercício espiritual", segundo a feliz fórmula de Pierre Hadot, ou como uma espécie de "terapia da alma" (como costumava dizer Giovanni Reale), para tentar alcançar a felicidade. É com o irromper do evento de Cristo e o desenvolvimento do pensamento cristão que se começou a conceber a felicidade não mais como o que você pode conseguir com a filosofia ou com outras estratégias mentais, porque a graça de Jesus não foi revelada em primeira instância "para os sábios e doutos", mas "para os pequeninos" (Mt 11,25). E estes pequeninos não são simplesmente os "ignorantes", mas aqueles que têm a simplicidade da fé, isto é, reconhecem a vinda de alguém que pode trazer a felicidade também e sobretudo àqueles que não são capazes de fazê-lo por si mesmos. Mas haverá alguém que possa dizer honestamente que é capaz disso?

A partir dessa revolução da felicidade, como aquilo que um outro pode realizar em nossa própria vida, nasceu uma ideia fundamental para a nossa civilização, ou seja, que a perfeição não coincide, a princípio, com o resultado de nossas habilidades, mas com o acontecimento ou o dom de algo que é muito mais do que nós merecíamos. Tentem eliminar da consciência e da narrativa da existência de vocês essa ideia de gratuidade, e já não conseguirão mais sequer sustentar a hipótese de que é possível ser feliz. E, ao mesmo tempo, não conseguirão mais tornar suportável a própria ideia da vida.

De fato, foi o que aconteceu naqueles sistemas de pensamento "modernos", que queriam interpretar a revolução cristã da felicidade num sentido puramente "ético". Por exemplo, na moral de Kant, que se propõe o herdeiro mais maduro da tradição cristã, porque reconhece, para além da esfera de interesses sensíveis e egoístas, um mundo ideal de espírito e liberdade. A questão é que essa liberdade de se realizar tem diante de si apenas um caminho: obedecer — como dever próprio — ao imperativo da lei moral que a razão impõe autonomamente a si mesma. A lei ordena *a priori* a seguir o que é universal, ou seja, alcançável por todo e qualquer homem, graças à sua própria razão, em vez de seguir o desejo individual de ser feliz. A felicidade torna-se quase o preço a pagar por sermos homens verdadeiramente "morais". Kant escreve na *Crítica da razão prática* (Cap. I, § 8, escólio II): "o oposto exato do princípio da moralidade ocorre quando o fundamento para determinar a vontade é colocado na felicidade *pessoal*". Para ser virtuoso não se deve procurar ser feliz.

É claro, então, que, de alguma forma, Kant vai tentar recuperar o conceito de felicidade. A virtude em si, de fato, é nominada por ele como "o merecer ser feliz", isto é, não só ter "necessidade de felicidade" (isto é próprio também de homens não virtuosos, daqueles que seguem apenas o amor próprio), mas também e sobretudo ser "dignos de felicidade". A razão não podia admitir que um homem que é digno de felicidade — não porque almeja a felicidade, mas *apenas* porque é virtuoso, ou seja, segue o comando da lei moral — também não se torne feliz. Para isso, ele deve postular um Deus justo que, *em uma vida futura*, conceda a cada homem tanta felicidade quanto ele mereceu na vida terrena. Mas, para a moralidade, no entanto, a felicidade é apenas um assunto da vida futura. Nesta vida é só o dever que vence (ou perde).

Essa inimizade terrena entre o dever e a felicidade foi um dos estopins que fez explodir o niilismo contemporâneo. Nietzsche, por exemplo, mostra, com a sua habitual, mas lúcida veemência interpretativa, que essa é uma falsa alternativa: o dever das sociedades burguesas, pensado sem felicidade, faz com que estas se contentem com o que a ordem social e os padrões culturais crescentes já decidiram. Tudo isso deve ser destruído: essa é "a hora do grande desprezo [...]. É a hora em que se diz: 'que importa a minha felicidade?' É indigência e escumalha e um miserável bem-estar'" (*Assim Falou Zaratustra*, Prefácio, 3). Portanto, para salvar a felicidade do universo próprio do cálculo burguês, devemos entendê-la e segui-la como um caos e um caso irracional, um vitalismo sem propósito.

O fato é que, se nós separamos a razão da felicidade, é provável que percamos a ambas: uma, reduzida a um mecanismo de planejamento de custo-benefício, a outra, reduzida a um sonho violento ou desiludido (como podemos não nos lembrar aqui do filme *Coringa*, de Todd Phillips, com o trágico Joaquin Phoenix?).

Resta, é claro, em nossa época, a grande alternativa para a felicidade, digamos, "espinosana", aquela que não é conquistada através de bens sensíveis, que estão sempre em decadência e expostos ao acaso da sorte, mas através da descoberta, feita a partir de nosso intelecto, de que tudo é necessário, rigorosamente encadeado em uma série férrea de causas e efeitos. A felicidade é intuir que tudo é necessário porque tudo é natureza, e que a natureza é Deus. E só podemos ser felizes se negarmos a ilusão da nossa liberdade. "Na mente não há vontade absoluta, isto é, livre — escreve Espinosa na *Ética* (II, prop. 48) —; mas a mente está determinada a querer isto ou aquilo por uma causa que também é determinada por outra, e essa, por sua vez, por outra, e assim até o infinito".

Tudo é causado, nada é livre; a única alegria se dá identificando-se com a ordem necessária do mundo. A liberdade é a libertação das paixões não em virtude de princípios morais superiores, mas, ao contrário, apenas reconhecendo que mesmo os movimentos da própria alma, os seus afetos, pertencem ao grande equilíbrio mecânico das ações e paixões das forças naturais. E só os sábios, os filósofos, podem reconhecê-lo e, portanto, ser felizes. Vem-nos à mente o final do livro da *Ética*:

> o sábio, enquanto é considerado como tal, dificilmente será perturbado na alma; ele está consciente de si mesmo, de Deus e das coisas com uma certa necessidade eterna [que, de fato, coincide com Deus] e nunca deixa de ser. [...] O caminho que apontei que leva a isso, embora pareça muito difícil, pode, no entanto, ser encontrado. E, por outro lado, deve ser difícil, o que é tão raramente encontrado (V, prop. 42, Escólio).

Isso parece ser o oposto da demolição niilista dos valores metafísicos supremos, mas, em vez disso, talvez constitua o perfeito inverso: ambos unidos pela afirmação de uma necessidade do mundo, o que significa, basicamente, a ausência de fins e de um sentido que sejam maiores do que o próprio mundo. Aqueles que prestam atenção não deixarão de perceber que é precisamente a figura de Espinosa que se vislumbra como a grande impulsionadora e inspiradora do teatro nietzschiano. Uma coisa é certa: para ambos, a felicidade só pode ser alcançada ao preço da liberdade, a menos que compreendamos a liberdade como a dança intempestiva que se dissolve no ciclo imparável da natureza, ou como o olhar vazio do enigmático sorriso dos *koúroi* gregos, as estátuas arcaicas dos jovens que podem ser vistas em Atenas, juntamente com as figuras femininas das *kórai*: as sacerdotisas e os sacerdotes que celebram a necessidade eterna, aquela que se entretém divinamente com as preocupações humanas.

A sorte da felicidade parece, assim, estar prensada por uma morsa, entre as estratégias éticas do autocontrole e da realização da vida, por um lado, e, por outro, a resolução do si mesmo individual na ordem eterna e divina da natureza. Em ambas as possibilidades, porém, a felicidade é sempre algo a ser ganho ou alcançado no final de um árduo caminho de cultivo das virtudes intelectuais e práticas por parte do homem. Isso tem como consequência que, assim entendida, a felicidade perde todo o seu interesse para a existência e, para alguns, acaba sendo substituída por *momentos* de satisfação — que permanecem, no entanto, momentos singulares e transitórios, sem história — e para outros, certamente a maioria, a felicidade é considerada simples e sinceramente impossível.

Então, voltando à pergunta inicial, será que seremos realmente felizes no final? A felicidade é *impossível*, mas ao mesmo tempo é *impossível* viver sem procurá-la ou desejá-la. Como podemos pensar conjuntamente essa impossibilidade dupla e autoexcludente? A única fórmula para isso é que uma dessas impossibilidades se revele insustentável. Para compreender, basta, como sempre, prestar atenção em nossa experiência consciente. Talvez seja o caso de não projetarmos mais a felicidade — correndo o risco de eliminá-la — como resultado de nosso projeto ou de nosso comportamento, mas reconhecermos que ela já está presente — aqui, agora — como parte de nossa vida, como motor e critério de nosso desejo. Como disse Agostinho certa vez, questionando: se é verdade que todos, sem exceção, até mesmo aqueles que são tristes e desesperados, querem ser felizes, onde conheceram a própria noção de "felicidade" para poder desejá-la? Se não a conheciam de uma certa forma, sequer poderiam procurá-la. Mas todos nós a descobrimos quando nos alegramos com algo, e isso acabou gerando em nós um *gaudium*, uma alegria em nosso ser. Esse prazer é o traço presente sem o qual sequer tentaríamos ser felizes, sequer seríamos orientados e não tenderíamos ao futuro.

Está tudo resolvido, então? Nada disso, muito pelo contrário: tudo está novamente em jogo. Pois isso nos leva à pergunta mais perigosa em relação à felicidade: existe algo ou alguém que corresponda verdadeiramente a essa busca? E não há de se ter medo por não se perceber isso: se a resposta for verdadeira, ela só poderá tornar o coração alegre e deixar a razão respirar. Com a perspicácia de quem atravessou por todo o desafio do niilismo, mesmo que o nome não fosse ainda esse, Agostinho identificou-o com três palavras simples: *"gaudium de veritate"* (*Confissões*, X, 23, 33).

Capítulo XI
AQUELE DESENHO ESCONDIDO NO NEVOEIRO

Uma das características mais peculiares dos seres humanos — por estranho que pareça — é a capacidade de pensar o "nada". E não é apenas um tema sofisticado para filósofos profissionais, mas uma experiência que aconteceu e acontece a todos: a percepção do vazio, da perda, da angústia que nos assola em certos momentos, e da qual não podemos dar nenhuma outra explicação tranquilizadora, exceto que "não foi nada...", mas, mais ao fundo, era o próprio nada avançando em nossa consciência. Eugenio Montale captou essa experiência em um verso de conhecimento poético agudíssimo, e o chamando inclusive de "milagre: / o nada atrás de mim, o vazio atrás / de mim, com um terror de bêbado" (*Forse un mattino andando in un'aria di vetro*). São momentos curtos, às vezes relâmpagos, às vezes escondidos nas dobras da existência, que do fundo da vida acompanham surdamente, como um "baixo contínuo", nossos pensamentos e nossas ocupações diárias. Não estou falando do desconforto de casos psíquicos particulares, mas de uma condição generalizada e compartilhada que eu não chamaria de patologia, mas, pelo contrário, um dos sinais mais eloquentes — embora enigmáticos — de nossa própria "natureza". O nada é uma chance do real, que está sempre à nossa frente, ou melhor, é revelado dentro de nós e ao nosso redor, lembrando-nos quem somos e porque somos.

Na história do pensamento, o nada representou muitas vezes um "ponto" problemático para se compreender — e certamente não para negar — o ser. Por exemplo, pensamos na abordagem de Parmênides, para quem o nada deve ser entendido apenas como não-ser ou como o devir, a passagem das coisas do ser para não ser ou vice-versa: portanto, como o oposto ou o contraditório — que estritamente falando não pode ser pensado — em relação ao que "é". Essa fé no devir foi qualificada por Emanuele Severino como a loucura do Ocidente niilista.

Junto a esses posicionamentos, a partir de Platão, foram surgindo logo outras concepções, para as quais o nada nunca é simplesmente o oposto de ser, mas está intimamente implicado com esse, justo para explicar a relação entre o idêntico e o diferente, a multiplicidade das coisas e, em particular com Aristóteles, o devir no tempo como passagem da potência ao ato. Mas, então, foi sobretudo a concepção judaico-cristã da criação a partir do nada (*Ex nihilo*) que deu uma perspectiva sem precedentes a esse conceito. É um novo olhar, para o qual as coisas finitas são concebidas como um dom gratuito, uma vez que não era necessário que fossem.

O ser humano pensa o nada não porque *não* pensa no ser das coisas; pelo contrário, pensa o nada precisamente na medida em que percebe o dar-se das coisas, a sua presença positiva. As coisas nunca são apenas "o que são" e pronto. Elas possuem, por assim dizer, uma quarta dimensão, isto é, elas são percebidas enquanto vêm a ser, enquanto se dão, enquanto acontecem no que elas são. As coisas são "dadas" como "eventos", nunca são entidades abstratas, mas presenças históricas, ou seja, acontecem em seu próprio espaço e tempo. Isso tem a ver com o espanto pelo fato de que algo existe, como a admiração que ressoa na famosa questão metafísica de Leibniz: "por que há algo e não simplesmente o nada?" (*Princípios da natureza e da graça fundados na razão*, § 7). Para alguns, essa questão não faz realmente muito sentido, é bastante supérflua, de fato inútil: o que se poderia ou deveria "acrescentar" ao fato de que as coisas existem, preclaras, consolidadas, presentes ali diante de nós? Isso não passa de um hábito irritante dos filósofos de duplicar, sem necessidade, um dado estabelecido com uma pergunta retórica que já foi respondida, porque, precisamente, as coisas simplesmente estão ali diante de nós, prontas para o uso que delas queremos fazer. É a antiga objeção do positivismo, uma das formas mais resistentes do racionalismo moderno e contemporâneo, pela qual as coisas "são" o que podemos quantificar, medir ou processar por meio das nossas ideias. Apenas nossa mente pode decidir o significado das coisas, as quais em si não nos dizem nada, são presenças silenciosas, matéria-prima que depois, nós, seguindo os *padrões* da cultura em que vivemos, transformaremos em elementos para nossas construções. Assim, a única realidade certa das coisas é aquela determinada pelos procedimentos da ciência: a metafísica deve exercer a paciência, mas terá de desistir de reivindicar querer nos fazer *conhecer* qualquer coisa que não seja os conhecimentos científicos; ela poderá no máximo reciclar seu papel na função de estabelecer uma rede de relações de todo o conhecimento que podem ser interconectadas entre si. Não há mais interstícios, interrupções, buracos ou lacunas: não há mais (o) nada que escapa dessa rede.

De acordo com outros intérpretes, no entanto, a pergunta de Leibniz é inevitável, mas apenas como demonstração de que há algo, não porque possa ter uma resposta, já que *de per si* não se prevê qualquer resposta possível. Como disse Umberto Eco em uma entrevista com Antonio Gnoli em 2014:

Não é uma pergunta a que possamos responder, ou seja, a resposta é o fato mesmo de podermos fazer essa pergunta. Quero dizer que é uma pergunta que só é colocada por alguém que de um modo ou de outro existe. Para expressar isso de uma forma um tanto pomposa, diria que nós vivemos no ser e podemos nos perguntar por que existe o ser apenas porque ele existe. Se houvesse apenas o nada, não poderíamos fazer a nós mesmos a pergunta, mas a questão é que o nada não existe.

Essa pergunta, portanto, não é absolutamente irrelevante: "o fato de que existe o ente — continua Eco — é a razão pela qual somos levados a fazer a pergunta, e, assim, a pergunta tem apenas uma resposta: 'Porque sim', porque se não houvesse algo não poderíamos sequer pensar que poderia haver".

Talvez o mais radical — e note-se que não estamos fazendo uma simples resenha de teses filosóficas, mas, sim, identificando diferentes maneiras de ser e estar no mundo das pessoas, mesmo que nada conheçam das coisas da filosofia — os mais radicais, eu dizia, são aqueles que vislumbraram na questão leibniziana uma subversão da forma de explicar o mundo da tradição metafísica. De fato, essa última busca um "fundamento", isto é, uma "causa" da qual derivam os entes, e que se constitua na "razão" de todas as coisas (em alemão, em todo caso, estes três conceitos — fundamento, causa e razão — estão todos implicados no termo *Grund*). Foi Heidegger, num texto memorável, *Que é metafísica?*, de 1929, quem sugeriu essa leitura: perguntar-se por que há algo — ou melhor, na sua própria versão, "por que há o ente e não simplesmente o nada" — isso pode ser entendido (como, segundo ele, a filosofia teria feito quase sempre até então) como busca de um "porquê" das coisas. Se, em vez disso, lemos a pergunta a partir da segunda parte da frase, "e não simplesmente o nada", percebemos que essa última, longe de ser um adendo retórico à primeira parte, é, na realidade, sua origem enigmática, porque indica que o "ser" não se identifica com um ente (com uma coisa singular), e nem mesmo com a soma de todas as coisas, mas difere radicalmente delas. É o "diferente" ou a própria "diferença", vale dizer, portanto, com relação ao ente, o "nada". E isso significa que as coisas não são explicáveis graças a um ente agindo como causa, porque o seu fundamento (*Grund*) é na verdade um não-fundamento (*Un-grund*) ou mesmo um abismo sem fundo (*Ab-grund*). E isso significa que o ser permanece como um "mistério", que por sua vez não encontra explicação e fundamento da nossa parte, mas é o puro "dar-se" das coisas, uma origem que não pode ser alcançada, mas apenas ser pensada como um retrair-se ao mesmo tempo que é um presentear, um refutar e ao mesmo tempo um dar.

É bastante provável que Heidegger tenha tirado essa intuição da concepção cristã pela qual Deus é o próprio ser que dá origem à sua criação como um dom gratuito. Mas quando, em sua opinião, essa origem foi identificada como uma "causa" e a criação como um "efeito", o mistério do ser acabou se perdendo. Tornou-se uma lei necessária. Por isso, temos de o repensar como um dom sem doador: o dom do nada e a partir do nada. Nesse sentido, um grande intérprete como Luigi Pareyson deu um passo à frente: chamar esse nada de "liberdade" não no sentido moral, mas como um movimento gratuito, não como uma causa necessária que produz seus efeitos de acordo com determinados princípios, mas como a verdade das coisas que não é outra coisa superior. E o próprio Deus não seria mais o ente necessário que dá fundamento a toda a realidade, mas viria a coincidir com essa mesma liberdade, próxima ao "nada".

Nada, portanto, não significa simplesmente o não-ser-mais de uma coisa que antes existia, ou o não-ser-ainda daquilo que existirá, mas constitui uma dimensão própria de tudo que é e que pode ser, a sua proveniência, o traço de seu vir a ser, de seu acontecer. O nada, portanto, não é um conceito vazio, indicando o que resta quando tudo é aniquilado ou quando já não resta mais nada; pelo contrário, é um conceito, por assim dizer, cheio de ser, que permite coletar nas coisas a dimensão da sua origem, caso essa origem se dê por si mesma ou caso se retraia do nosso alcance. Isso porque tudo — incluindo a mim mesmo — não só foi arrancado do nada no início, mas se afirma no nada em cada momento de sua existência. Mesmo *agora*, naquilo que está aqui presente, o nada não é um remanescente superado ou uma negação dialética em relação ao que existe, mas é a persistência do mistério da *presença* de tudo o que está *presente*. E aqui, conforme aquilo que vemos, tudo muda: *só* podemos ver uma coisa presente como o conjunto de suas determinações, como o efeito ou produto de certos fatores determinantes, ou então podemos perceber sua presença como o movimento do seu chegar até mim, em vez de vê-la como o resultado final que está diante de mim. Nesse último caso, as coisas presentes simplesmente vêm do nada, e isso é suficiente; no outro caso, as coisas carregam em si, elas mesmas, a memória do nada.

Por outro lado, o nada não é apenas um conceito orientado para o passado, mas, por assim dizer, ao futuro, como expuseram muitos filósofos do século XX, pensando no que é próprio da existência humana: isso quer dizer que os seres humanos estão "abertos", que jamais poderão esgotar suas possibilidades, porque são capazes de liberdade, ou são "condenados" a ser livres (como diria Sartre). Sendo assim, somos seres transcendentes, sempre abertos à possibilidade, ao que ainda não é ou poderia ser diferente da necessidade da natureza. O nada aqui significa, portanto, "transcendência" e liberdade dos sujeitos humanos. Mas o que mais importa é que, diante disso nada toca a fundo a consciência e a própria percepção que temos de nós mesmos.

Dito em termos mais simples, o nada pode abrir uma brecha para se compreender a abismal gratuidade do ser, por assim dizer, simplesmente por sua graça íntima; mas o nada pode também fechar essa abertura para nos largar no caráter absurdo da nossa existência e do mundo. Em outras palavras, pensando o nada, podemos preservar o mistério do ser em relação às nossas representações e às nossas estratégias, as quais visam sempre a reduzir o ser a um ente que esteja à nossa disposição; ou podemos simplesmente concluir que tudo o que existe pode não ter um sentido diferente do nada. Assim — como afirma Heidegger —, o ser humano pode ser visto como "lugar-tenente do nada" (extraído ainda de *Que é a metafísica?*), e graças a isso pode se tornar o "pastor do ser", "convocado pelo próprio ser para custodiar sua verdade" (*Carta sobre o humanismo*). Contudo, os seres humanos, sujeitos capazes de consciência e liberdade, como Sartre assinalou, têm a peculiaridade de *negar* sempre o ser, e para o homem, portanto, ser livre significaria que precisa "gerar o nada" em si mesmo e ao redor de si mesmo.

É significativo que, para ambos os autores de que estamos falando, o "nada" seja sempre uma experiência ligada ao estado de espírito da angústia e à descoberta de uma profunda "niilização" (*Nichtung, néantisation*): só que, enquanto, para Sartre, a angústia é o sinal da própria liberdade do ser humano, condenado como foi dito a niilizar o próprio ser, em Heidegger, o angustiar-se por parte do ser-aí é o lugar em que todas as coisas se diluem em meio à perplexidade, e o nada como uma "quietude encantada" nos presenteia — justo quando nos provoca — a compreensão mais profunda do ser.

O interesse que se pode vislumbrar sempre de novo nessas vozes ajuda a superar a mera teoria filosófica e oferecer, ademais, possibilidades de autocompreensão da vida. Por várias vezes pode acontecer de se notar a força que pode ter uma intuição ou uma palavra para evocar o sentido, como são capazes de iluminar um núcleo da nossa experiência, mesmo que não fôssemos de todo "seguidores" ou apoiadores da doutrina filosófica geral daqueles que no-la sugerem.

Parece estranho, mas devemos reconhecer que o problema de nossa relação com a realidade é exercido — em uma direção ou outra — propriamente no campo do nada. E então talvez, de alguma forma, devamos nos *reapropriar desse nada*, atravessá-lo, deixar que ele nos inquiete e provoque, sem pressa para nos livrarmos dele ou classificá-lo de pronto como niilismo. Pelo contrário, eu diria que só indo ao fundo do chamado do nada, entendendo o que ele nos pede, podemos contribuir para superar o niilismo contemporâneo.

E é mais uma vez uma grande "niilista" que nos ajuda a entender o que está em jogo. Falo de Virginia Woolf e, em particular, de seu escrito autobiográfico que remonta a 1939, mas foi publicado postumamente com o título *Moments of Being*, em que podemos sentir uma vibração "positiva" e sem precedentes da questão do nada. Aqui a experiência literária torna-se uma das formas mais claras e precisas pela qual a existência se compreende a si mesma.

Nossos dias, escreve Woolf, são compostos de "momentos de ser", que, no entanto, "estão encerrados [*embedded*] dentro de momentos de não-ser muito mais numerosos". A realidade é um "bem" [*goodness*] e está "envolvida numa espécie de estofo sem contornos": poderíamos chamá-la de o estofo da falta de senso, da falta de um significado vivo e vivido para si e para o mundo. E assim "a maior parte de cada dia é vivida sem consciência". Mas Woolf provoca: é apenas graças a um "violento e repentino choque", a "momentos excepcionais", em que "aconteceu algo com tal violência que eu jamais pude esquecer", que naquele estofo se abre de improviso uma fenda, mostrando "uma razão que não conheço", e as coisas tornam-se transparentes, e se mostram finalmente como "reais".

Esses momentos podem ser marcados pelo "desespero" ou pela "satisfação": no primeiro caso, se instaura uma sensação de total impotência; no segundo, se percebe que o que acontece pode ser "explicado" descortinando-se como uma "revelação": o sinal, mas também a "promessa [*token*] de uma coisa real por trás de aparências". Daqui nasce "uma filosofia ou uma ideia que sempre tive: que por detrás do estofo se esconde um desenho [*a pattern*]; que nós — isto é, todos os seres humanos — fazemos parte do desenho, que o mundo inteiro é uma obra de arte; que nós fazemos parte da obra de arte". Nesses momentos, conclui Woolf, "a poesia se realiza" e "a caneta encontra o traço". Desse modo, "ainda acredito que é essa capacidade de receber esses sobressaltos que me faz ser escritora".

O que significa que a poesia se torna verdadeira, real, senão que o significado se encarna, é incorporado, é reconhecido pela nossa razão e se torna desejável pela nossa afeição? Os momentos do ser são realmente tais — todos nós o experimentamos — porque sempre e cada vez eles não são óbvios ou automáticos, previsíveis e programáveis. Eles são, em última análise, "arrancados" ao nada, e nós podemos vivê-los no círculo abafado de nossos mecanismos, ou sentir o milagre de sua presença.

Desse "nada" dilacerado pela presença das coisas, dos acontecimentos e das pessoas, o niilismo, paradoxalmente, nada sabe. Este (o niilismo) se encarrega exclusivamente de medir e gerir a realidade "de forma técnica", privando-se e privando-a do incômodo de um significado último de si mesma e do mundo. O nada — enquanto conceito, mas mais ainda como experiência irredutivelmente humana — pode então ser visto como o ponto em que se deve tomar de base para derrubar a grande pretensão do niilismo. O nada talvez seja o maior amigo do ser.

Capítulo XII

SOBRE O DESEJO DO VERDADEIRO

Houve um tempo, na história do niilismo moderno, em que "verdade" se tornou, quase inadvertidamente, uma palavra embaraçosa no linguajar usual e, sem dúvida, irritante no linguajar privado. O próprio conceito de verdade na imaginação comum estava carregado com uma pretensão quase insuportável, de tanto que se tornara incômoda: a referência a uma visão absoluta, vinculativa, imutável das coisas. Basta pensar em como o apelo a uma verdade constitutiva da natureza humana ou à verdade ideal de um valor político quase sempre encontrou diante de si a objeção de que, na realidade, se tratava de uma posição ou de uma escolha particular, ilegitimamente propalada como universal.

É claro que, nesse tipo de objeção, o motor propulsor muitas vezes escondido era aquele apregoado pelas circunstâncias políticas e perspectivas ideológicas, de modo que o mesmo fator em alguns casos era considerado uma falsa "verdade", construída com base em interesses precisos voltados a apenas uma parte da população ou dos governos, e, em outros casos, era apresentada como uma verdade indiscutível. E há muitos exemplos, pelo menos no cenário italiano e europeu: desde o fluxo de imigrantes ilegais provindos da África do Norte até a possibilidade do casamento homossexual, desde a legitimidade de que se tem de pôr um fim à própria vida ou a de seus entes queridos na ausência de certas condições de "qualidade", da obrigação ou arbitrariedade das vacinas, até a recente discussão sobre a lei contra a homofobia e para o reconhecimento da identidade de "gênero" e não meramente "biológica" das pessoas. E o que dizer da posição dos negacionistas que contestam a verdade da situação de emergência que se deve à pandemia da Covid-19, classificada como um mero instrumento de controle político-sanitário sobre a população pelos governos ou por certos *lobbies*?

Contudo, nas últimas décadas, tem sido visto que o grande projeto de se libertar do peso individual e social da verdade, abrindo caminho para um sistema de interpretações múltiplas, mas não sobrepostas do mundo, muitas vezes, implicou um efeito de retorno arriscado que contradizia a expectativa inicial de libertação. O risco era liquidar a realidade ou reduzi-la ao que a cultura dominante decide a cada vez. A verdade sempre tem, com efeito, um peso enorme na sociedade, porém, eu não diria tanto no sentido negativo (um risco "totalitário", o que também ocorreu várias vezes em nossa história, quando alguém resolvia decidir por conta própria o que era real e o que não era baseado em seus esquemas ideológicos), mas também, e sobretudo, no sentido positivo, como proteção e defesa da liberdade das pessoas em comparação com a violência dos preconceitos. O ponto de viragem de hoje está mais do que evidente para todos através da turva questão das *fake news* e da sua capacidade de orientar sutilmente o consenso e a própria percepção do mundo. Por meio do domínio planetário da técnica segundo a qual, em última instância, nada mais é "dado", mas toda a realidade pode ser tendencialmente criada e controlada pelas pessoas que detêm o monopólio da informação digital — muitas vezes, ligado aos interesses dos poderes do mundo político e econômico —, falar sobre verdade não se torna um dever, mas uma irreprimível necessidade de liberdade.

De fato, a preparação desse tipo de embargo linguístico e conceitual do conceito de verdade foi muito longa e, como muitas vezes descobrimos, o niilismo generalizado do nosso tempo é o resultado de um processo que se desenvolveu lentamente dentro da história do pensamento. Mas nunca como neste caso o que aconteceu ao longo da filosofia ocidental pode ser encontrado nos eventos de nossa mente — como se usássemos um pantógrafo e traçássemos as linhas gerais da cultura dos últimos séculos em nosso modo cotidiano de estar no mundo.

Há uma experiência que marca o pensamento moderno em relação à questão da verdade, descrita por Descartes em seu *Discurso do método* (1637), quando ele afirma que, profundamente insatisfeito com a educação que recebeu no colégio jesuíta de La Flèche, com base nas disciplinas de tradição "escolástica", justo porque não lhe forneciam um critério seguro para o reconhecimento da verdade, decidiu viajar para descobrir "o grande livro do mundo". E anota: "Sempre senti em mim *um extremo desejo* de aprender a distinguir o verdadeiro do falso para ver com clareza em minhas ações, e agir com certeza nessa vida". É significativo que para Descartes o mote de busca seja um desejo que não por acaso ele chama de "extremo", porque é como a tensão que encontramos em todos os outros problemas da filosofia e da vida: o desejo do verdadeiro, de ser capaz de compreender, de tocar o real em sua verdade.

No início da modernidade, a verdade torna-se um problema para além das soluções tradicionais, porque se reafirma como um ato desejoso do ser humano. Esse é o sinal da verdade: que é desejável e emerge no eu como uma necessidade irreprimível de ser capaz de existir e realizar a si mesma. Resumindo: a verdade é um problema da vida. E dominamos a verdade apenas na medida em que a buscamos, desejamos, tendemos a ela. Claro que, partindo desse ponto inicial, Descartes então fez o seu caminho e desenvolveu um método que garantiria a posse mais controlada e mais ferrenha possível do conhecimento do mundo, que é o gerido pela análise matemática. Mas aquela motivação inicial continuou a fascinar-me e interrogar-me, e, paradoxalmente, me permitiu evidenciar uma questão que não ficou resolvida dentro do pensamento do próprio Descartes: identificar, por sua parte, a verdade do mundo nos moldes de uma grande máquina que pode ser explicada geometricamente como um conjunto de relações quantitativas entre grandezas, sem outras finalidades possíveis, foi capaz de satisfazer todo lastro do desejo de verdade? Ou seja, ele esgotou toda a expectativa da verdade que estava em causa na inquietação do eu?

Quando, dois séculos depois, Nietzsche responderia a essa pergunta de uma forma decididamente negativa, ele seria forçado pelo seu radicalismo iconoclasta a demolir o próprio conceito de "verdade": "Eu descobri a verdade pela primeira vez, precisamente porque ouvi a mentira como uma mentira, *eu a farejei...* O meu gênio está nas minhas narinas..." (*Ecce homo*, "Porque sou um destino", 1). E isso também pode ser estranho, comparado com o fato de que Nietzsche é geralmente apresentado como o grande desconstrutor, aquele que primeiro desmantelou o próprio conceito de verdade. Só que ele, de fato, o pôde fazer propriamente porque sentiu novamente o problema da verdade em toda a sua premência. O início da crise do século XX, uma crise transversal nas mais diversas práticas e disciplinas, da matemática à literatura, da física à psicologia, da arte à historiografia, reside no fato de que a verdade se torna um problema. A fórmula é ambígua porque não diz tanto que não há mais verdade, mas que *o problema é a verdade*, porque perdeu sua evidência.

Contudo, a crise não anula a pergunta inicial, antes, a reabre: de onde vem esse desejo, um desejo que agora, precisamente porque não realizado, vem carregado de violência? Essa é a razão pela qual Nietzsche coloca na boca do protagonista andarilho de seu pensamento: "um dia o andarilho bateu uma porta atrás dele, parou e chorou. Então ele disse: 'essa inclinação, esse impulso para o verdadeiro e o real, o invisível, certo, me enfurece! Por que é que esse batedor chato e impetuoso está me seguindo?'" (*A gaia ciência*, 309).

Por que chora o andarilho? Porque ele se sente invadido pela questão do real, pela necessidade da verdade que ele gostaria de tirar de cima de si, tanto é importuna que é um obstáculo que não permite "construir-se" como se gostaria. É algo como uma força da gravidade, mas que ao mesmo tempo o enfurece: sente toda a urgência absoluta, sem ser capaz de se haver com ela. E, na verdade, para o "niilista" Nietzsche, esse desejo deve ser como que erradicado, e o eu de um homem finito, que procura, desejando, deve ultrapassar a si mesmo no "super-homem" ou no "além-do-homem", e seu desejo deve aumentar e desdobrar-se além da medida na pura vontade de potência, segundo a qual tudo é verdadeiro porque tudo é necessário, e o eu não passa de um resíduo burguês que é preciso deixar que se perca em sua decadência.

É claro que esse é outro Nietzsche, se comparado com o que foi então propalado pelo pensamento pós-metafísico (alguns o chamam de pós-moderno), um expoente das interpretações que se impõem sobre os fatos, do relativismo que sobrepõe a objetividade da realidade, do extremo perspectivismo no qual cada um é chamado a construir o seu próprio eu. Nosso Nietzsche é um pouco diferente: no equilíbrio entre dois extremos admitidos por ele mesmo, de um lado, a liberação dos instintos do sujeito moderno (em nome de seu herói, Voltaire), finalmente, libertando-se da verdade; e de outro, a identificação da liberdade com a aceitação "espinosana" da grande necessidade do mundo, em que tudo retorna eternamente como o mesmo. Entre esses dois extremos, o problema de Nietzsche permanece não-resolvido. E é isso que nos permite entender como o niilismo de nossa época é diferente do niilismo de Nietzsche. Mudou porque as duas hipóteses de solução que acabaram de ser vistas *não* alcançaram sucesso — como no fundo prometiam — em fazer desaparecer a questão da verdade. Com efeito, sua inadequação na solução reavivou a acuidade da procura.

A verdade não pode ser pensada a partir de um eu separado, desvinculado da realidade; nem a partir de uma realidade necessária, sem a liberdade do eu. A verdade está na relação. *A relação é o seu problema*, porque isso não é pensado apenas como a soma de dois elementos já constituídos cada um em si, mas como o modo pelo qual cada um deles é *verdadeiro* graças ao outro. Como sabem todos aqueles que pensam a verdade como o que emerge no julgamento do conhecimento, compreender a verdade significa (segundo o famoso cânone de Tomás de Aquino) surpreender a correspondência ou adaptação entre o nosso intelecto e a realidade (*adaequatio intellectus et rei*). *Somos* verdadeiros e vivemos *na* verdade não porque nunca erramos ou nunca estamos metidos no falso, mas porque estivemos desde sempre na manifestação do real. Estamos na verdade porque, mesmo quando estamos no engano, "estamos" em relação com o real. E o real está "esperando", se o podemos dizer, por nossa abertura para se manifestar no seu verdadeiro sentido.

Há um exemplo simples, mas eficaz, que muitas vezes proponho aos meus alunos para reconhecer esse estado de coisas da verdade do nosso eu que se abre à verdade do mundo. Suponhamos que você se apaixone loucamente por outra pessoa, e que essa inicialmente não lhe corresponda, com a consequência óbvia de uma profunda tristeza e insatisfação. Mas então, com o tempo, e talvez com um pouco de sorte, a situação muda, e o outro (ou a outra) também se apaixona por você, e corresponde a sua paixão. A noite em que você descobre isso muda tudo, e nessa mesma noite você mal consegue dormir, tanto que essa novidade de amor "pegou" você. De manhã, recém-acordado, qual será a coisa que você provavelmente vai fazer? Ligar para essa pessoa ou encontrá-la e dizer-lhe, explícita ou tacitamente, "Diga-me que é verdade!", ou "Será mesmo verdade?". Cada um de nós nasceu para desfrutar dessa afeição, e *junto* — mas nesse "junto" estão implicadas todas as coisas — com a sua verdade.

Eu vislumbrei melhor o enorme alcance desse simples exemplo ao refletir sobre uma passagem do grande teólogo e filósofo suíço Hans Urs von Balthasar, que em sua obra capital intitulada *A verdade do mundo* (1985) escreve:

> Esta primeira questão, se em geral existe verdade, pode ser [ao pensador] comparada com a primeira conversa nervosa de um jovem com uma menina que tinha como desfecho a certeza de que ela o amava. Mas seria um amante estranho quem se contentasse em constatar esse dado de fato, sem que se tornasse para ele, como uma porta aberta, o ponto de partida de uma vida de amor. Nesta vida, a eterna pergunta que os amantes fazem uns aos outros — você me ama? — será a cada dia viva e renovada; o amor nunca é questionado o suficiente, porque nunca se contenta em ouvir a resposta de confirmação, e por trás de cada resposta surge uma nova pergunta, por trás de cada certeza surge uma nova perspectiva e uma nova abertura.

A verdade nunca é, propriamente, algo do que se tem posse absoluta; é, antes, surpreendentemente, um evento que precisa nos tocar.

Capítulo XIII
O DEVER QUE ATRAI

Uma das características de destaque das sociedades marcadas pela cultura do niilismo generalizado é uma crise de reconhecimento dos deveres, ou seja, dos valores fundamentais aos quais — pouco ou muito — uma coexistência social deve fazer referência para continuar a existir. Com um termo talvez não inteiramente apropriado, costumamos classificar essa atmosfera perturbada de nossas sociedades em relação aos deveres como uma tendência ao "relativismo". Isso não significa, no entanto, como sugerido com certa petulância pela ideologia tradicionalista, que as pessoas já não têm valores em que acreditar ou simplesmente desistiram de procurar e elaborar um significado para a vida. O esgotamento do niilismo — que é também seu aspecto de maior empenho e fascínio — consiste no fato de que as motivações derradeiras da existência já não podem ser reconhecidas em virtude de seu caráter supraindividual, por sua identidade universal, que exprimiriam de modo direto, como era mais facilmente reconhecido em épocas passadas, mas graças ao fato de que um valor corresponda ou não corresponda às expectativas e aos desejos de autorrealização do indivíduo.

Já não se trata apenas do que, com uma fórmula eficaz, o grande sociólogo Max Weber já tinha chamado, imediatamente depois da Primeira Guerra Mundial, de "politeísmo dos valores". Em uma era de "desencanto do mundo", "distanciada de Deus e sem profetas" — argumentava Weber (em *A ciência como vocação*, 1917), os diversos valores continuam sempre em conflito entre si, e cada homem é chamado a buscar exercer uma ética da responsabilidade, isto é, responder às consequências de suas próprias ações sempre na primeira pessoa do singular. Mas hoje, na passagem epocal do politeísmo ao relativismo dos valores, parece que essa relação virou de cabeça para baixo: o ponto central não é tanto o dever de cada homem em ser responsável perante a sociedade, mas o direito de cada um de que a sociedade reconheça sua necessidade de afirmação individual. Isso dá ao próprio termo de "relativismo" uma concepção mais justa e precisa: não tanto ou não sobretudo a desqualificação e relativização dos princípios tradicionalmente considerados absolutos, mas a concepção de valores enquanto relacionados ao interesse próprio dos indivíduos, portanto, "relativos" a esses. São os valores que dependem das pessoas, não as pessoas que dependem dos valores. Por isso, a era do niilismo consumado concebe a si mesma essencialmente não mais como uma era de deveres, mas como uma era de direitos.

Naturalmente, isso levou — como acontece com toda e qualquer polarização cultural que perde de vista todo o complexo da experiência — a problemas consideráveis de concepção, que vão se manifestando de modo cada vez mais claro no decurso temporal que vai do final dos anos 1960 até os nossos dias. Mencionarei apenas dois, emblemáticos. O primeiro é de caráter antropológico-social: se a base da convivência humana são os direitos (sacrossantos e indispensáveis) de cada um, o que acontece se houver conflito entre os diferentes direitos? Apresentemos alguns exemplos bem delicados em relação ao problema: como aquele em que se contrapõem o direito irrenunciável à autodeterminação de uma mulher que, baseada nisso, escolha (com todo o drama pessoal que isso implica) interromper uma gravidez e o direito da criança de vir ao mundo. Ou, exatamente ao contrário, o direito de ter um filho de uma pessoa que não poderia tê-lo biologicamente e, portanto, faz recurso à barriga de aluguel, em face do direito "natural", do lado de quem suporta a gravidez em vista de outra pessoa, de viver plenamente sua maternidade, bem como o direito de a criança ser capaz de reconhecer sua mãe biológica. Até o direito de não mais identificar uma pessoa com sua natureza biológica (sexuada), mas identificá-la apenas com o "gênero" com o qual ela mesma "se identifica".

No entanto, como acontece muitas vezes, é uma segunda ordem de problemas — filosófica ou mesmo "metafísica" — abordar de modo mais agudo as implicações dessa situação. O mais óbvio desses problemas é o seguinte: já não pensamos nos "eus", nos "sujeitos" concretos de carne e osso, aos quais os direitos são inerentes, mas pensamos em direitos que produzem os sujeitos que os sustentam. A afirmação de que um Estado, por intermédio das suas leis, pode garantir os direitos tendencialmente ilimitados de categorias específicas de indivíduos traz consigo a ideia de que é essa proteção jurídica que estaria criando a realidade dos indivíduos que dela se beneficiam. Não se parte do fato, mas da lei. Não são os dados pessoais que exigem, para serem realizados, o reconhecimento do próprio ser, mas é esse reconhecimento jurídico que é a fonte do ser da pessoa.

As consequências culturais e políticas mais relevantes são um certo grau de pulverização das motivações fundamentais de uma comunidade social, que não é o resultado de uma razão compartilhada na perspectiva da qual se deveriam articular as diferenças e os contrastes entre os vários direitos individuais e coletivos, mas de uma contínua transação na dialética dos direitos que implicam todos os aspectos da vida das pessoas. Isso provocou um observador atento a dizer que

> não podemos pensar em receitas do passado, todas focadas na expansão ilimitada dos direitos, ao ponto de fazer com que simples desejos se transformassem em direitos. Um novo sentido da vida só pode ser garantido por uma política de deveres. São os deveres que dão sentido à vida, não os direitos; mas hoje poucos e talvez ninguém fale de deveres (Luciano Violante).

No entanto, sejamos realistas, "direito" é um termo muito atraente, ao contrário de "dever", que é bastante deprimente. Mesmo na nossa linguagem cotidiana, o dever é algo que temos de cumprir de uma forma ou de outra, apesar de nós próprios, apesar do que gostaríamos. Vamos tentar pensar sobre isso: o significado sedimentado dessa palavra nos leva aonde não iríamos de bom grado, precisamente porque nos sentimos obrigados, constrangidos, em última análise, forçados. Mas por quê?

Uma das mais extraordinárias "metamorfoses" do espírito humano que busca a libertação, de que fala Nietzsche em seu *Zaratustra*, é a ideia do leão que luta contra o dragão.

> Quem é o grande dragão, a quem o espírito já não quer chamar Senhor e Deus? "Tu deves" chama-se o grande dragão. Mas o espírito do leão diz: "Eu quero". "Tu deves" barra o seu caminho, um réptil com escamas cintilantes como ouro, e em cada escama do dragão brilha em letras de ouro "tu deves!" (*Assim falou Zaratustra*, "Das três metamorfoses").

O niilismo é, de alguma forma, o fracasso de Kant, do dever kantiano que não tem outra motivação a não ser impor-se a si mesmo. Por que seguir o dever? A única resposta é: porque é preciso, isto é, porque a razão universal presente em todos os indivíduos o comanda. Para Kant, essa é a mais elevada realidade que existe em um ser humano, o mais digno de admiração e "respeito": sua liberdade pura em seguir a lei moral. Um fim absoluto em si mesmo, incondicional. Todas as outras coisas são feitas como meios para outra coisa, ou são o efeito de alguma causa mecânica. Somente essa, porém, é absolutamente pura, e pura deve permanecer, sob pena da perda do humano.

Como então é possível que tal elevação tenha sido atacada pelo leão niilista? Talvez Nietzsche, em seu furor polêmico contra o maldito dragão do "tu deves!", que consome a vida em nome de valores abstratos, não tenha vislumbrado o problema até o seu final, isto é, que muito provavelmente o niilismo já tinha penetrado sob as escamas do grande réptil. A fim de elevar o ser humano a um incondicional como o da lei moral pura, era preciso separá-lo do que o ser humano "é" na realidade, e projetá-lo em um impossível "dever ser". O homem racional "pode" realizar a si mesmo, só pode realizar a sua virtude de acordo com as suas próprias forças de coerência moral, pela única razão de que "deve" fazê-lo. Mas, assim, o homem *que é* acaba sucumbindo ao homem *que deve ser*.

Charles Péguy escreveu certa vez sobre o homem formado pela ética kantiana do dever, ou, falando mais resumidamente, "o kantismo tem as mãos limpas, mas não tem mãos [*a les mains pures, mais il n'a pas de mains*]. E nós, as nossas mãos calejadas, as nossas mãos cheias de cicatrizes, as nossas mãos pecaminosas, às vezes, temos as nossas mãos cheias". Essa concepção do dever não atinge nada: de fato, o homem virtuoso deve mortificar o seu desejo sensível, como é o da felicidade, que é inevitavelmente um interesse particular, individual, "privado". Por que ninguém pode ficar feliz por mim. O desejo mais elevado é apenas o que visa à virtude, isto é, tornar-se digno de ser feliz. Mas é precisamente aqui que, paradoxalmente, já em Kant vai nascer o problema que, em seguida, irromperá no niilismo. E surge precisamente do fato de que há uma separação entre o dever e o desejo sensível ou o desejo de ser feliz (falamos sobre isso no capítulo 10). Seguindo essa abordagem, que ainda hoje é dominante — mesmo naqueles que, talvez precisamente por essa razão, rejeitam o sistema de deveres e enfatizam o sistema de direitos —, o dever precisaria ser sempre perseguido de alguma forma mesmo que precisássemos anular a nós próprios. Com a consequência de que o interesse particular do indivíduo seria em si mesmo moralmente impuro e, portanto, suspeito. Em princípio, um interesse pessoal é algo que deve ser superado para quem quiser se tornar um homem virtuoso. Aqui se realiza a grande e problemática ideia iluminista de um dever universal, como algo distinto dos interesses individuais. Ideia sublime, mas inevitável e literalmente abstrata.

O problema dos direitos e o problema do niilismo parecem sobrepor-se em parte. De alguma forma, quando se faz qualquer tentativa de superar o niilismo através de um apelo renovado à ética do dever, tem-se a impressão de estar apontando uma arma. Certamente não porque os deveres não sejam importantes, ou mesmo essenciais, mas simplesmente porque já não têm força persuasiva. De alguma forma, já perderam a batalha antes de entrar nela. Justo pelo modo como pensamos neles, os deveres tornaram-se agora pouco atrativos.

Por essa razão, talvez valha a pena repetir uma pergunta simples, não óbvia: como surgem os deveres na vida de uma pessoa, mas também na grande história da nossa cultura? Para todos nós, herdeiros de Kant (mesmo que fôssemos antikantianos!), o dever é pensado, a princípio, como o esforço de nossa vontade que deve vir a "cumprir" uma certa obrigação. Mas, quando pensamos com mais cuidado, com base em nossa experiência ou em nossa história, é possível percebermos que o dever surge, na realidade, de uma raiz que é *anterior* ao nosso empenho moral.

O dever é como o aviso de que algo ou alguém nos chama: seja Yahweh no Monte Sinai, ou a voz da nossa consciência, ou um momento da realidade que nos atinge e nos envolve, de modo a nos provocar. O reconhecimento desse chamado coincide com o nosso "aqui estou", como se disséssemos "isto me interessa", "isto é para mim". A origem do dever não é, a princípio, o nosso esforço de coerência na adaptação a um valor mais elevado e distante, mas sim uma atração; pode até ser um fascínio. E isso, inclusive, quando a chamada nos desafia, nos desperta, nos corrige.

Pensemos em uma criança, talvez a criança que nós éramos: como ela pode aprender o dever? Só porque os pais impõem isso a ela como um imperativo? Nesse caso, o ideal seria apenas autocontrole por parte de um superego, e ensinar assim o dever significaria, em muitos casos, produzir crianças reprimidas ou neuróticas. Dir-se-á que uma criança só pode aprender o dever porque os pais lhe dão o exemplo. Claro, mas os pais podem estar errados, e como ficam as crianças nesse caso? Que decepção ver que um pai comete erros e que, ao cometer erros, compromete o valor que ensina. Ou talvez o dever seja reconhecido precisamente porque surge da própria relação da criança com os pais — mesmo que, eventualmente, cometam erros —, isto é, do simples fato de que "lamento fazer a minha mãe chorar" ou "faço isso porque não gosto de desagradá-la". É claro que, aqui, estamos em um nível em que não há ainda toda a consciência de valor, portanto, nós racionalistas estaríamos imediatamente prontos a descartar ou superar essa raiz de aprendizagem do valor, pois ainda seriam "como crianças", não como adultos racionalmente conscientes e responsáveis.

No entanto, nesse exemplo, é como se a raiz estrutural emergisse não apenas de forma incipiente ou imatura, mas permanente, de todo reconhecimento do dever. Aquilo através de que aprendemos que esse valor é respeitável em si e por si mesmo — e que, portanto, podemos e devemos universalizar — deriva de que, ao seguir tal valor como um dever, nos vem à memória, como uma indelével matriz, o desgosto de nossa mãe; e o que menos gostaríamos de fazer é causar desgosto a ela, isto é, gostaríamos de corresponder ao seu afeto por nós. Isso não significa estar emocionalmente ligado à infância, mas, pelo contrário, significa ser capaz de crescer como pessoas adultas, aceitando o dever como um convite amoroso para sermos nós mesmos: assim como aqueles que nos amam olham para nós, sem exigir o que não somos.

Essa referência muito simples, muito trivial, se quiserem, a uma fenomenologia diária da educação ao dever tem a sua *contrapartida* na história da nossa cultura. Os homens não produziram eles próprios esses valores, mas aprenderam-no em algumas experiências históricas, em virtude de participarem de certas reuniões, frequentando certos lugares, certos ambientes comunitários, sendo educados por alguém — e depois, pouco a pouco, descobriram que os valores eram preciosos, pela racionalidade intrínseca desses comandos. O grande iluminista Lessing, em seu famoso panfleto sobre *A educação do gênero humano* (1780), nos desafia novamente quando diz que, no início da história, os homens precisavam sentir medo para aprender o dever. E assim, do politeísmo asiático, passaram à revelação mosaica e à história judaica, com esse Deus terrível e mesquinho que dava ordens e castigava: mas foi precisamente uma transição importante na educação da humanidade. Então veio Jesus, que ensinou o amor e deu um exemplo do que significa seguir a vontade de um Pai. Então, tendo chegado ao nosso tempo — o tempo de Lessing, o século XVIII, mas muitos afirmariam isso ainda nos dias de hoje —, não há mais necessidade desse tipo de educação, porque agora nós nos tornamos adultos e a razão pode sozinha gerar seus valores.

Nesse sentido, o niilismo ajuda-nos a descobrir a incompletude um tanto avoada do grande projeto racionalista de Lessing. Mas não é assim; os valores que a humanidade deveria solidificar em si mesma, ela os perdeu, e a educação não é algo que está postado atrás de nós, mas está à nossa frente. A raiz do dever é ao mesmo tempo um encanto e uma pertença; uma filiação, isto é, uma socialidade, uma comunidade.

Escreveu a esse respeito Charles Taylor, uma das vozes mais sensíveis à crise do individualismo moderno:

> Se a autenticidade significa ser fiéis a nós mesmos, recuperar o nosso peculiar *"sentiment de l'existence"* [a palavra usada por Rousseau para indicar o contato mais íntimo com nós mesmos], então talvez só possamos realizá-la plenamente se reconhecermos que esse sentimento nos conecta a um todo mais amplo [*connect us to a wider whole*]. [...] Talvez a perda de um sentimento de pertença devido a uma ordem definida publicamente precise ser compensada por um sentido mais forte e mais íntimo de nosso estar em relação [*by a stronger, more inner sense of linkage*] (*O mal-estar da modernidade*, 1992).

Porque a comunidade é, precisamente, aquela realidade em que somos educados a reconhecer o encanto do dever mais essencial, ao qual uma pessoa pode ser convocada, e poder sentir que é uma realidade que nos "pertence" completamente: o dever de ser si mesmo.

Capítulo XIV
A EMOÇÃO QUE HABITA A RAZÃO: *INSIDE/OUT*

"Alguma vez você já ficou olhando para alguém pensando no que se passava na cabeça dessa pessoa?" [*Do you ever look at someone and wonder, what is going on inside their head?*]. É com essa pergunta que começa um dos filmes mais debatidos dos últimos tempos — ou seja, *Inside Out* [*Divertida Mente*] —, um "simples" longa-metragem de animação produzido em 2015 pela Pixar sobre crianças pequenas e (aparentemente) para crianças pequenas, que, no entanto, tematiza nada menos do que a dinâmica da nossa relação com a realidade. Qual é a relação entre o que está "dentro" de nós e o que está "lá fora"? Como as coisas, os eventos, os acidentes tocam e perturbam os mecanismos da mente? E como é que as emoções condicionam, mais ou menos, o nosso conhecimento do mundo?

O filme conta a história de uma menina de 11 anos, Riley, que, depois de uma infância feliz, vivida no seio caloroso de uma família carinhosa, nos campos gelados de Minnesota, onde ela se divertia como louca jogando hóquei, precisa se mudar contra sua vontade para San Francisco (por causa do emprego do pai) e começa a desenvolver um trauma emocional provocado por essa mudança: primeiro, a casa nova, feia, e, em seguida, a escola sem seus antigos companheiros, e até mesmo a pizza comprada na esquina de casa, inacreditavelmente com recheio de brócolis!

Mas o verdadeiro foco do filme é outro, a saber, a mente de Riley, observada — como se faz em uma dissecção — no mecanismo dos processos cerebrais. São outros os verdadeiros protagonistas do filme, a saber, os *feelings*, as cinco emoções que agitam essa mente — uma espécie de caverna de Platão — e que respondem pelo nome de Alegria, Medo, Raiva, Nojinho e Tristeza, aos quais correspondem o mesmo número de duendes muito simpáticos, que em suas cores, atitudes e caretas representam essas energias psíquicas e neuronais, de cunho positivo ou negativo, que aparecem vez por outra no decurso dos acontecimentos. Estas são precisamente as "emoções primárias", de que fala a psicologia evolucionista, por exemplo, no livro de Robert Plutchik intitulado *Psicologia e biologia delle emozioni* [*Psicologia e biologia das emoções*] (1994). A mente seria como um grande arquivo de dados armazenados, apresentados no filme como esferas de cores diferentes, conforme a coloração emocional com que percebemos os momentos individuais de nossa existência. Essas esferas vêm e vão ao longo das conexões do sistema nervoso e se reagrupam de tempos em tempos naquelas "ilhas" flutuantes na mente de Riley, onde se constrói (mas também se pode colapsar) o sentido das coisas através do próprio estado de ânimo. Temos então a ilha da família e da amizade, a ilha da honestidade e do hóquei e até mesmo a da estupidez, que juntas desenham a personalidade individual da menina. Então, quando os dados da memória se afastam das emoções, tornam-se planos e geométricos, como pensamentos abstratos; por sua vez, quando as recordações vão se tornando lânguidas, acabam no abismo negro do subconsciente.

Entretanto, a história vem de longe. De acordo com a antiga doutrina empirista de David Hume, filósofo escocês do século XVIII, que é a base de muitas teorias contemporâneas da mente, o que sabemos do mundo nunca é o próprio mundo, mas nossas reações subjetivas — sensoriais e emocionais — frente ao movimento dos corpos que nos afetam de fora ou até mesmo frente ao movimento interno de nosso espírito. Mas tampouco o nosso "eu" individual existe num sentido real, sendo apenas um conjunto de percepções unidas pelo hábito, formadas pela memória (pela qual lembramos daquilo que experimentamos) e imaginação (com a qual prevemos um estado de coisas semelhante). Assim, por mais que "forcemos nossa imaginação para atingir o céu ou os limites extremos do Universo, não avançamos um passo além de nós mesmos" (Hume, *Tratado da natureza humana*, 1739-1740). O eu seria, então, como um teatro, onde se representa uma peça cada vez diferente e mutável: os roteiristas de *Divertida Mente* chamam a essa peça de "sala de controle", onde se forma uma narrativa — a narrativa da vida, como uma "fábrica de sonhos" no estilo de Hollywood — regida pelos cinco *feelings*, que apertam botões, erguem ou abaixam alavancas mecânicas para induzir reações, controlar atitudes, buscando estabelecer a cada vez um possível ou impossível equilíbrio.

Hume, por sua vez, se opunha ao grande pensador de sua época, Descartes, que teorizara que as emoções (ele as chamava de "paixões da alma"), por mais que nos façam "vibrar" e nos deixem "desfrutar de maiores prazeres da vida", não podem, no entanto, afetar o conhecimento objetivo do mundo, que se limita a medições geométrico-mecânicas do conhecimento científico (Descartes, *As paixões da alma*, 1649). Com base nessa posição, desde então e até os nossos dias, começou a predominar uma imagem "racionalista" do conhecimento, desprovida de sentimentos e avaliações subjetivas muito pouco confiáveis para nos assegurar a objetividade do mundo.

O que essas duas posições, a de Descartes e a de Hume, têm em comum, mesmo a partir de perspectivas opostas? O risco de uma separação entre a fria racionalidade do conhecimento e a emotividade calorosa dos sentimentos. Pode-se preferir uma ou outra (não só no nível das teorias filosóficas, mas também em diferentes momentos de nossas vidas), mas uma escolha parece sempre afastar a outra. E, no entanto, se olharmos com mais cuidado para a dinâmica de nossa experiência cotidiana, veremos pelo menos um ponto de contato entre estes dois fenômenos: quando algo nos atinge, e nos afeta de modo mais intenso, tanto mais isso se constitui num convite para *compreender* o que é, julgar o que é realmente, conhecê-lo.

Falando com várias pessoas sobre o filme, mas também analisando vários comentários em jornais italianos e estrangeiros, há duas reações que são as mais difundidas: alguns (refiro-me a Antonio Polito no *Corriere della Sera*) observam que o que falta no script de *Divertida Mente* seria precisamente a razão, essa faculdade que é responsável por guiar e orientar os sentimentos, permitindo transmiti-los de modo judicioso e pautado no conhecimento. A pobre Riley seria "um joguete" de suas emoções, incapaz de conseguir ser uma pessoa verdadeiramente consciente e, acima de tudo, livre e responsável na trama desses cinco elementos. Outros (como Julian Baggini no *Guardian*) elogiam, ao contrário, a encenação do filme como um cenário bem apropriado para retratar as descobertas recentes da neurociência, em que o "eu" ou "si mesmo" (*Self*) são construídos a cada vez em uma narrativa induzida por emoções e recolhida pela memória, mas no fundo sem se constituir em algo de "permanente" e estável. Em suma, para simplificar, para alguns, a menina do filme seria um indivíduo sem razão, totalmente reduzido a suas reações sentimentais; para outros, em vez disso, seria necessário perceber que, de fato, nessa idade (mas apenas nessa idade?) os adolescentes são assim mesmo, tomados pela emotividade.

Parece-me, antes, que o interesse do filme é precisamente levantar uma questão sobre o que acontece em nossa experiência como indivíduo posicionado no mundo: a nossa razão é uma faculdade abstrata que se junta (até mesmo como um "guia") a nossas emoções ou é, desde o início, uma razão *encarnada* em nosso corpo e em nossos sentimentos? E os sentimentos seriam apenas mecanismos instintivos ou já trariam em si o traço de um juízo de significado, como ponto de possível "liberdade" pessoal — se posso fazer essa comparação — dentro dos condicionamentos da emoção?

Naturalmente, nenhuma teoria adequada das emoções se limitaria hoje, do ponto de vista das ciências cognitivas e graças aos avanços da neurociência, a considerá-las apenas como fenômenos reativos de um tipo exclusivamente fisiológico. As emoções são vistas antes como processos ou modelos de processamento de respostas a estímulos internos ou externos, nos quais não há apenas uma passividade reativa, mas também uma atividade adaptativa e organizacional de elementos neuronais. Uma atividade — esse é o ponto que mais nos interessa — que parte do nível inconsciente, passa pelo sentimento distinto do que se sente, até alcançar consciência e julgamento. Mas, então, o quadro cognitivo se amplia ainda mais, descobrindo, por exemplo (como demonstram amplamente as pesquisas do neurocientista Antonio Damasio, especialmente em seu famoso livro *O erro de Descartes*, 1994), que as emoções contribuem, de forma decisiva, para o uso da nossa faculdade racional e, acima de tudo, da nossa capacidade de tomar decisões.

Essas evidências experimentais nos permitem reconsiderar duas posições extremas que vigem nessa época de niilismo: na realidade, para um observador atento da experiência, nenhuma das duas pode ter valor exclusivo, porque uma implica sempre necessariamente a outra. Mas no imaginário coletivo muitas vezes acontece de serem consideradas como alternativas. Por um lado, o mundo objetivo, fora de nós, mensurável pela racionalidade científica; por outro, o mundo dentro de nós, o *feeling* subjetivo com o qual percebemos a nós mesmos. O primeiro nível da realidade seria aquilo que é como é, de modo implacável, inevitável, porque é independente de nós, dos nossos gostos, das nossas percepções, das nossas opiniões. O segundo nível, porém, nunca seria aquilo que é, mas o que nos parece ser ou que sentimos que é, mas suspenso, por assim dizer, à variabilidade das opiniões subjetivas.

Pode-se dizer também do seguinte modo: o mundo avança independentemente de nós, seguindo uma lógica evolutiva que não tem fins precisos ou propósitos reconhecíveis, exceto aqueles de um desenvolvimento de reações adaptativas aos impulsos ambientais. Não há fins, mas apenas necessidade ou, no máximo, eventos aleatórios. O mundo "é" assim. Mas os fins e propósitos, sem os quais o ser humano não pode viver, já não são encontrados no céu das estrelas fixas, como motivações transcendentes, mas como elaborações de nossos sentimentos perceptivos e inevitavelmente subjetivos.

Se, em seguida, analisarmos as reflexões dos reducionistas mais radicais, como pode ser um Richard Dawkins, a hipótese que se lança com respeito à distinção desses dois planos é que no segundo, não menos do que no primeiro, temos uma necessidade de determinação evolutiva, pela qual as leis biológicas da seleção natural regeriam não só a organização da natureza como também a da cultura.

É realmente muito interessante — e também um pouco assustador — ver a forma como "evoluiu" a visão da relação entre o ser humano (também conhecido como "eu") e a realidade: partindo do ser, o homem, considerado como o ponto de convergência, para onde o todo da natureza e da história se dirigem como a sua finalidade principal, em uma trajetória que vai desde a criação judaico-cristã até a sua forma secularizada na ideia iluminista de progresso (lembremos aqui de que, para Kant, o fim último da criação é o homem como um ser moral), se chega à autodeterminação evolutiva da realidade como um todo, em que a biologia é tomada como matriz da própria "natureza" racional e espiritual do homem.

Mais uma vez, a questão filosófica do niilismo parece inverter-se: inicialmente, parecia uma grande possibilidade de libertação humana a de emancipar o mundo dos fins transcendentes ao próprio mundo. Como se alguém que estivesse acostumado a medir-se com uma meta sempre maior que si mesmo, sem nunca ser capaz de alcançá-la verdadeiramente, de repente viesse a dizer "mas eu sou o que sou", eu não preciso mais procurar para mim um "projeto" ou um "enredo" para representar. Eu sou um momento passageiro de evolução, e o único sentido realmente adequado para mim é o que eu "sinto" com meu emocional sobre mim mesmo. Essa libertação emancipatória das superestruturas finalistas, no entanto, não corre sempre o risco de ter como única direção ceder ao determinismo evolucionário mais vinculativo?

Mas será que também uma emoção não passa de uma reação a um estímulo fisiológico? Ou talvez apenas uma emoção, que pensávamos estar do lado "passivo" da percepção, em comparação com a atividade da razão e da vontade consciente, justo uma emoção pode dar vazão a partir de dentro de si a uma questão irredutível. Como dissera o filósofo David Hume, que tomamos como ponto de partida, afirmando claramente — se é verdade que o "eu" não existe, ele não é um dado, uma coisa, uma substância, mas é apenas um "feixe de percepções" ligadas pela memória e pela imaginação, então *quem* é que liga e recorda e imagina? Em torno de quem está o feixe perceptivo reunido em unidade? O eu é apenas um processo emocional fluido, sem consistência permanente, ou será que nossos processos emocionais, sentimentais e passionais testemunham que há "algo" ou "alguém" em operação? Mesmo que aceitássemos o desafio de não pressupor nenhum "sujeito" em si mesmo em relação ao seu funcionamento, e partíssemos apenas dessa função, não seria precisamente essa última que indica a iminência e, finalmente, a entrada na cena de um convidado desconhecido? O hóspede do eu em nós mesmos, um eu que nos surpreende, como que postado atrás de nós, atestado por nossas próprias percepções (retornaremos ao fim do capítulo 17).

Fica o convite para rever, à luz dessa hipótese, a principal cena *clou* do filme, em que a Alegria, até então sumamente embrenhada em querer colorir de amarelo-ouro todas as experiências de Riley, tentando impor-lhes um otimismo a todo custo, compreende que a "positividade" da vida é outra coisa, e que não pode anular ou censurar o azul de Tristeza, porque, de fato, essa última é o segredo do coração da alegria, aquela expectativa de realização infinita que não podemos evitar, mas tampouco podemos levar a cabo. Essa amizade entre a alegria e a tristeza permite-nos olhar e até enfrentar as dificuldades da vida como uma transição para a nossa realização pessoal. E não é verdade que, às vezes, somos tomados por uma nostalgia que não é apenas a falta de algo que vivenciamos no passado, mas o desejo ou o anseio por algo que vibra no presente, como a voz da promessa da vida que é a fonte do sentimento e da consciência do nosso "eu"?

Capítulo XV
COM QUE OLHOS OLHAMOS PARA O MUNDO

O que acontece quando vemos a realidade à nossa volta? Um ato perceptivo como o da visão sempre foi considerado, na história do pensamento, como um dos momentos e lugares em que, acima de tudo, jogamos o jogo do nosso ser no mundo. É claro que ver ainda não nos diz tudo: quantas vezes *olhamos* sem realmente *ver* o que estamos olhando, e quantas vezes o ver pode ser apenas parcial, entrecortado por certa perspectiva mais ou menos estreita, ilusória ou enganosa? E, no entanto, é um fato que a visão foi tomada a partir da filosofia grega como o protótipo da compreensão da realidade. Como observa Agostinho em uma passagem bastante conhecida das *Confissões*, a visão dos olhos também é usada como um termo para expressar os outros sentidos, quando os usamos para conhecer. Assim, nós jamais diríamos "ouça como brilha" ou então "cheire como brilha" ou ainda "saboreie como brilha" ou "toque como brilha"; enquanto certamente dizemos "veja como brilha", também dizemos com precisão "veja que som, veja que cheiro, veja que sabor, veja como é áspero".

Contudo a visão não se refere apenas ao mundo que está fora de nós e ao nosso redor, mas é também — e talvez sobretudo — uma visão interior, não só porque é retendo na memória e na imaginação o que vimos fora que isso se torna nosso, mas também porque podemos ver diretamente em nós o mundo e nós mesmos. Precisamente por isso, é no âmbito do "ver" que se lança também todo o desafio do niilismo contemporâneo, que se pode dizer que, em grande parte, depende da resposta que damos à questão do que vemos e somos capazes de ver quando olhamos para nós mesmos e para o mundo. Aqui o niilismo perde a sua carga de opção ideológica e é convocado a prestar contas de si mesmo como ato perceptivo.

Todavia, para fazer essa verificação, parto de bom grado de um autor — Italo Calvino — que captou de forma aguda a secreta tendência niilista de nossa época, compreendendo-a em seu registro mais profundo, que é precisamente o cognitivo. Em uma de suas famosas *Seis propostas para o próximo milênio* (1988), dedicada à "visibilidade", para dizer a verdade, não uma das que mais são citadas, Calvino propôs essa definição — tão fascinante quanto enigmática — do tema escolhido:

> Se eu incluí a visibilidade na minha lista de valores a serem salvos, é para alertar para o perigo que corremos de perder uma faculdade humana fundamental: o poder de focar visões com olhos fechados, de trazer cores e formas do alinhamento de caracteres alfabéticos negros em uma página branca, de pensar através de imagens. Penso numa possível pedagogia da imaginação que se habitua a controlar a visão interior sem a sufocar e sem, por outro lado, a deixar cair numa fantasia confusa e lábil, mas permitindo que as imagens se cristalizem numa forma bem definida, memorável, autossuficiente, "icástica".

Por que o escritor fala de visibilidade como um valor a ser salvo? Não se trata simplesmente de defender um patrimônio humanista-literário, visando assegurar a sobrevivência do nosso mundo cultural, embora para Calvino a literatura seja uma metáfora e uma expressão suprema da consciência do mundo da vida. A questão é mais radical, e diz respeito ao poder de ver algo "de olhos fechados", ou seja, o poder de formar imagens no mundo interior não no sentido de um universo de fantasia arbitrário, mas como a formação das estruturas icônicas do nosso pensamento. A visibilidade interior das imagens — ou, por outras palavras, a capacidade de ver imagens com os olhos da mente — constitui a estrutura linguística fundamental do pensamento humano enquanto tal. Aqui Calvino não me parece falar apenas de pensamento especificamente literário; ao contrário, ele nos ajuda a iluminar o que nós chamaríamos de forma "literária" ou "visual" de todo e qualquer pensamento e de todo e qualquer tipo de pensamento. Essa forma, de acordo com o grande escritor, surge a partir de diversos elementos:

> a observação direta do mundo real, a transfiguração imagética e onírica, o mundo figurativo transmitido pela cultura em seus vários níveis, e um processo de abstração, condensação e interiorização da experiência sensível, de importância decisiva tanto na visualização quanto na verbalização do pensamento.

É precisamente nessa ligação indistinguível entre imagens e palavras — quer se comece de uma, quer das demais —, em que consiste o exercício do pensamento, que se recolhe e como que se condensa a profunda crise de "significado" que marca a nossa era, como é vista por Calvino. É bem provável que, justo nessa consciência da crise da cultura moderna, encontremos a chave para compreender melhor a sua insistência na "visibilidade".

Num dos ensaios presentes na coletânea *Assunto encerrado*, Calvino fala do "desafio" da literatura e afirma que essa consiste basicamente num "compreender o mundo" de um modo cada vez mais analítico e detalhado, mas é, ao mesmo tempo, também a "dissuasão de compreender o mundo", porque o mundo se revela espontaneamente como "essencialmente impenetrável" (*Cibernética e fantasmas*, 1967). A literatura "não conhece *a* realidade, mas apenas níveis" desta, e, dito de modo ainda mais radical, não conhece os diferentes níveis da realidade; antes, "conhece a *realidade dos níveis*". Ela passa de um nível para outro, como em um jogo em que, no início, "vimos o eu desaparecer", ou seja, o primeiro tema do escrito, e então, ao final, se esvai também o "último objeto", que é precisamente a realidade que queríamos de fato conhecer.

Se é verdade que a literatura tem um escopo analítico-cognitivo que visa a ter de descrever as coisas, ao mesmo tempo, o objetivo máximo desse conhecimento é comunicar que o mundo permanece essencialmente impenetrável. Portanto, se, por um lado, o que permanece é uma espécie de desilusão, pelo fato de a realidade última ser incompreensível, por outro, "o problema é precisamente o de tomar consciência do seu próprio ser relativo e aprender a apropriar-se desse, aprender a se haver — com esse relativo" (carta a Mario Motta, julho de 1950). A literatura, em suma, deve ensinar a ter uma boa relação com o próprio fracasso cognitivo.

Ou, ainda a respeito de sua reelaboração engenhosa e geométrica do *Conde de Monte Cristo* de Alexandre Dumas (contida na coleção de 1967, *Ti con zero*), Calvino escreve: "a única maneira de escapar como prisioneiro é entender como a prisão é feita. E esse é o meu testamento gnosiológico" (carta a Giovanni Falaschi, 4 de novembro de 1972). É a única coisa que pode se dar do ponto de vista gnosiológico, ou seja, o escrever como a única alternativa à petrificação da realidade.

Na mais famosa das *Seis propostas*, a primeira, Calvino contrapôs a essa mesma petrificação "o ideal da leveza", ou seja, "uma modulação especial lírica e existencial que permite contemplar o próprio drama de fora e dissolvê-lo em melancolia e ironia". Essa é a impressionante documentação de como a questão pelo sentido do eu e da realidade, a qual constitui, por assim dizer, o núcleo incandescente da crise que atravessa os diferentes campos do conhecimento e da vida no século XX, como que se dobra, se curva, admitindo tacitamente — totalmente perpassada de melancolia irônica — a impossibilidade do sentido. E é como se essa impossibilidade assumisse a fisionomia de um novo cânone para enfrentar e atravessar — mas com leveza — a crise, entendida como uma condição permanente e intransponível do sujeito. É como, por exemplo, quando em *O barão nas árvores*, de Calvino, o grande iluminista, empoleirado nos ramos porque quer ver do alto como as coisas estão indo, em um certo ponto se enamora de Viola, e quase se convence de descer e ir falar com ela: mas no final optou por ficar lá trepado na árvore, mesmo experimentando todo o "frêmito" de sua escolha, mas convertendo-o "filosoficamente" em análise mental, que está constantemente ocupada em recompor o desperdício, o inesperado, os excessos irregulares da realidade.

À luz destes traços, talvez se possa olhar com maior consciência para o nível da questão aberta pela defesa de Calvino da visibilidade. Uma visão com olhos fechados — foi dito —, uma visão interior que estrutura o pensamento através das imagens: não seria essa uma espécie de "curvatura" da visibilidade para dentro da imaginação e da imaginação para dentro de uma visão mental que deve *fechar* os olhos *para* poder ver?

Claro que Calvino nos lembra com propriedade que a visibilidade de algo se realiza no momento em que a sua imagem se torna parte integrante do nosso eu, do nosso pensamento. Então se vê realmente quando a imagem do que é visto se integra e, por assim dizer, se "realiza" na memória: e isso acontece não apenas porque guardamos, como em um arquivo, as imagens adquiridas da percepção ou elaboradas pela imaginação, mas porque vemos (e conservamos, dando-lhe estruturação) seu possível significado, a referência à sua mais profunda possibilidade de significação.

Ademais, alguns anos antes das *Seis propostas*, o próprio Calvino abordara todo esse problema, ou, melhor dizendo, a aporia não resolvida de como o homem olha e vê o mundo. Ele escreve em *Palomar* (1983):

> Mas como você pode ver algo deixando o eu de lado? De quem são os olhos que olham? Geralmente pensa-se que o eu seria alguém que está face a face com seus próprios olhos como que postado junto ao parapeito de uma janela e olha para o mundo que se distende em toda a sua vastidão ali diante dele. Então, há uma janela que olha para o mundo. Do lado de lá há o mundo; e do lado de cá? Sempre o mundo: que mais você quer que haja?

Mesmo o eu, em suma, é um pedaço do mundo que olha para outro pedaço do mundo. O mundo está do lado de cá e do lado de lá da janela. Mas, então, "talvez o eu não seja mais do que a janela através da qual o mundo olha para o mundo. Para olhar para si mesmo, o mundo precisa dos olhos (e dos óculos) do senhor Palomar".

Contudo, essa solução do problema — o eu que olha para o mundo = o mundo que olha o mundo — na verdade resolve essa situação simplesmente duplicando o mundo. No começo, o senhor Palomar pensa que todas as coisas próximas dele e todos os gestos a ele familiares estariam ligados a corpos celestes e eventos cósmicos, como acontece ao acender seu cachimbo e "à explosão de uma supernova na Grande Nuvem de Magalhães". Mas, então, se ele acredita que pode "aplicar essa sabedoria cósmica à relação com seus semelhantes", tem algo que "já não funciona", porque para lidar com outros seres humanos é necessário "colocar-se em jogo, e seu si mesmo já não sabe onde ele se encontra". A falta de autoconhecimento impede o conhecimento dos outros. Mas o fato é que "Palomar, não amando a si mesmo, procurou por toda a vida se certificar de não se encontrar cara a cara consigo mesmo".

O último propósito será então dedicar-se a conhecer a si mesmo, explorar "a própria geografia interior", porque se é o mundo que olha para o mundo através do eu, então "o universo é o espelho no qual podemos contemplar apenas o que aprendemos a conhecer em nós". Mas também aqui surge a última e mais desencantadora decepção do senhor Palomar: quando "abre os olhos", não vê nada além do que aquilo que lhe aparece todos os dias: "ruas cheias de pessoas que estão com pressa e vão abrindo caminho a cotoveladas, sem olhar-se no rosto, entre paredes altas e em ruínas". E isso faz com que ele descubra um outro universo: não é mais o reino da mecânica celeste harmoniosa, em que os movimentos dos astros são impulsionados pelo mesmo destino que tem "o eu como centro, e o centro em cada ponto", mas um "mecanismo encravado", "um universo perigoso, retorcido, sem descanso como ele" (eu diria, quase como um ofuscamento da transição da física clássica para a relatividade, à mecânica quântica e ao princípio da indeterminação).

Eis aqui o enigma da visibilidade de Calvino: de um lado, a visão interior — a memória de uma imagem — é como a dobra interna do real, como o "forro" do mundo, não no sentido de seu fundamento oculto, mas de sua possibilidade, ou melhor, de suas possibilidades, que se subtraem à necessidade do ser efetivo e da presença imutável das coisas. Mas, por outro lado, essa visão interior apenas duplica a exterioridade do mundo habitual, já sempre visto e conhecido, que não amplia nem contesta, mas simplesmente reflete a interioridade, do mesmo modo que o possível reflete o impossível. A visão de olhos fechados é como uma possibilidade que se distancia ou se subtrai ao real necessário, mesmo que simplesmente "imaginando-o", e assim encerra e até produz em si mesma uma *impossibilidade* permanente. É nessa impossibilidade que poderia dar-se, em última análise, o único significado possível do mundo, literalmente, portanto, "impossível".

Volta à mente o que Theodor W. Adorno escreveu sobre a função do "estético" como antítese ao existente, uma tomada de distância em relação ao princípio da realidade:

> Em cada obra de arte genuína aparece algo que não existe. [...] Quando um inexistente surge como se existisse, a questão da verdade da arte é posta em movimento. Com base em sua forma simples, a arte promete o que não existe, anuncia objetivamente (e por mais ausente que se mostre) o postulado de que tal inexistente, enquanto se mostra, também deve ser possível. O anseio inextinguível ao belo [...] é o anseio pelo cumprimento da promessa (da *Teoria estética*, 1970).

De um lado, portanto, haveria a realidade, com o seu peso insuportável, e, de outro, a experiência estética como momento antitético, mas justo por isso também um momento libertador em relação ao ser efetivo: a liberação coincidiria precisamente com a promessa, mesmo sendo a promessa de um *não*-existente, e, em última análise, de uma impossibilidade de cumprimento no mundo real. Tanto é verdade que, como observa o próprio Adorno, "nada garante que a arte mantenha sua promessa objetiva". Na arte, de fato, "existe a mentira, na medida em que ela não pode produzir a possibilidade produzida por ela própria como aparência, e ela não consegue precisamente por isso".

Para Calvino, trata-se de salvar o valor da "visibilidade" do olhar interior, da visão *de olhos fechados*, a fim de salvaguardar a irredutibilidade criativa face a uma realidade, por assim dizer, condenada à identidade incontroversa e à irreversibilidade.

E se, em vez disso, para inverter seus próprios termos, a imaginação e até mesmo a fantasia fossem a maneira de ver o mundo *de olhos abertos*? O mundo se apresenta a nós na visão; a nossa visão, porém, nunca é apenas um "corresponder" automático do dado, mas é, antes, a forma essencial — não apenas a ocasião acidental — na qual ele *se dá* em presença. A visão e a doação do mundo são os dois lados de um único fenômeno. A visibilidade é precisamente o fenômeno no qual a presença e o olhar se interpenetram, onde a presença da realidade se torna visível e a nossa visão permite que o mundo seja o que é, se torne ele mesmo. O sentido impossível do mundo torna-se possível quando olhamos para ele.

Capítulo XVI
A PERDA DO EU, A RECONQUISTA DO SI MESMO

Nathan Zuckerman, o inesquecível protagonista — e *alter ego* — de alguns romances de Philip Roth, o grande escritor americano que talvez mais do que qualquer outro tenha se envolvido na aventura febril de descrever o que é uma identidade pessoal, esse Nathan, portanto, uma vez, afirmou, falando sobre si mesmo:

> Tudo o que posso dizer com certeza é que eu, por exemplo, não tenho um eu [*I have no self*], e que não quero ou não posso submeter-me às palhaçadas de um eu [*the joke of a self*]. Parece-me uma piada no caso do meu eu [*as a joke of my self*]. O que eu tenho no lugar do eu é uma variedade de interpretações por meio das quais eu posso produzir a mim mesmo, e não apenas a mim mesmo: uma trupe inteira de atores que eu internalizei, uma parceria estável a que eu posso recorrer quando preciso de um ego, um estoque constantemente em evolução de roteiros e partes que formam o meu repertório. Mas certamente não tenho um eu independente das minhas tentativas artísticas enganosas de ter um. E não o quereria ter. Sou um teatro e nada mais que um teatro (*O avesso da vida*, 1986).

Estas poucas linhas talvez valham mais do que um monte de discursos sobre a crise da subjetividade no mundo contemporâneo, e algo parecido com o protótipo do si-mesmo niilista, que permeia a todos nós, os habitantes dessa época, independentemente, é claro, de ideologia, de crenças, de tendências morais (ou imorais) que possamos ter. Essa postura do eu continua sendo um problema crucial, apesar de todas as declarações sobre sua dissolução. É uma operação fácil e barata, da parte de muitos analistas, declarar a extinção do eu como uma realidade própria, irredutível aos seus componentes biológicos, aos seus mecanismos instintivos e ao jogo fantasmagórico das suas próprias autointerpretações. É muito fácil, porque nos dá a ilusão de nos livrarmos desse problema. E, em vez disso, é justo *como problema* que o eu se torna interessante e inevitável. Aqueles que o negam, na realidade, exercem massivamente sua "subjetividade" (ainda que em modo autodestrutivo), sem realmente lidar com o problema.

Como não se dar conta, para permanecer na autodescrição de Roth, que em qualquer caso é necessário haver um "eu" com personalidade forte para ser capaz de se distanciar dessa maneira de si mesmo e se negar a si mesmo? Nunca, como nesse caso, o questionamento e a desconstrução de si mesmo se constituem no atestado mais retumbante do eu (e Roth sabe-o muito bem). No entanto, quando o eu tenta alcançar a consciência de si próprio, parece já não sustentar mais a si mesmo, no duplo sentido da palavra: ele não consegue *se suportar*, isto é, identificar-se como fundamentado em si mesmo, como alguém idêntico a si — como um *me ipsum* —, mas, ao mesmo tempo, não consegue nem mesmo *se suportar*, isto é, aceitar uma individualidade estruturada, que não seja continuamente fragmentada e permanentemente fluida. Não aceita ser algo mais do que o que ele sente sobre si mesmo. Com que direito, o eu parece dizer, posso atribuir a mim mesmo uma realidade que não sou capaz de criar de forma autônoma e dar uma estabilidade segura a mim mesmo?

Devemos, portanto, levar a sério a crítica niilista do eu como o "sujeito" herdado do pensamento moderno, aquele que dispõe plenamente de si mesmo e, ao mesmo tempo, conquista o mundo fora de si, agarrando-o com seus conceitos. No entanto, levar a sério essa crítica não significa necessariamente partilhá-la ou confirmá-la, muito menos considerá-la um destino necessário. Em vez disso, significa compreender qual é a questão que a move, e que nova pergunta torna possível.

Quase ao mesmo tempo em que Roth estava escrevendo *O avesso da vida*, Daniel C. Dennett, no livro *A consciência explicada* (1991), retomava a ideia do eu como um teatro da consciência, para depois desmontá-lo como uma imagem ilusória — assim como seria ilusório também o conceito do eu. Dennett chama de "teatro cartesiano [...] uma imagem metafórica de como a experiência consciente deve residir no cérebro". Em Descartes, o centro dessa cena inteiramente mecânica da consciência — eu diria até como uma espécie de máquina teatral barroca — se constituía na famosa glândula pineal, o ponto unitário para o qual fluíam os estímulos do mundo externo e do qual fluíam os contraestímulos do eu consciente. Já é significativo, no entanto, que, quando Dennett fala do eu ou da consciência de Descartes, não se refere — como seria de esperar — à alma ou à substância pensante (*cogito, res cogitans*) separada do corpo, mas já à versão física da fisiologia do eu. Bem, essa versão corpórea também deve ser abandonada, porque pressupõe que haja um centro, um ponto apical, em suma, um *Self* (embora biomecânico) ao qual se pode referir toda a engrenagem da vida consciente dos seres humanos.

Como substituto para o modelo cartesiano de teatro, Dennett propõe seu modelo de consciência como uma série de "Múltiplas Versões" [*Multiple Drafts Model*]. De acordo com esse modelo, "todo e qualquer tipo de percepção — na verdade, todo tipo de pensamento ou atividade mental — é realizado no cérebro por um processo paralelo e com diversos modos de processamento dos dados sensoriais recebidos". É uma estratégia extremamente orgânica, que nós (Precisaríamos perguntar "nós, quem?". A espécie a que convencionalmente chamamos *homo sapiens*?) temos em comum com a aranha e com o castor, com o caranguejo e com o caramancheiro australiano. Portanto, em nosso caso, "a tática fundamental de autoproteção, autocontrole e autodefinição não é tecer teias de aranha [as aranhas] ou construir barragens [os castores], mas contar histórias [...] sobre quem somos" [*about who we are*]. Assim, "as nossas histórias são tecidas, mas na maioria das vezes não somos nós que as tecemos, porém elas nos tecem. A nossa consciência humana — e a nossa individualidade narrativa [*narrative selfhood*] — é o produto das narrativas, não a sua fonte". Desse modo, estamos falando ao mesmo tempo de um cenário cultural sobre o próprio "eu", de uma *fiction*, poderíamos dizer, porque na realidade só existem processos biológicos, e não um "eu biológico" [*biological self*], e igualmente só existem processos psíquicos, e também o "eu psicológico ou narrativo" [*psychological or narrative self*] é outra abstração, e não alguma coisa presente no cérebro". É apenas um "centro de gravidade narrativa", simplesmente *postulado* por nós, mas na verdade inexistente.

Reducionismo radical em face do eu, próprio do niilismo do nosso tempo? Talvez, mas não realmente, se for verdade o que lemos num escrito datado de cerca de 250 anos atrás (e ao qual já nos referimos no capítulo 14):

> [O gênero humano] nada mais é que um feixe ou uma coleção de diferentes percepções que se seguem um ao outro com rapidez inconcebível, em um fluxo e movimento perpétuo. [...] A mente é um tipo de teatro, em que diferentes percepções fazem

sua manifestação, passam e repassam, se evadem e se recombinam em uma variedade infinita de atitudes e situações. [...], E que não se me interprete mal a comparação do teatro: a constituir a mente, nada mais há que as percepções sucessivas; não temos a mínima noção do lugar onde essas cenas são representadas, ou dos materiais de que é composta (Hume, *Tratado da natureza humana*, 1739-1740).

O eu é uma ficção verbal; a literatura é a verdadeira ontologia do eu; a escrita criativa é a fenomenologia autêntica da consciência. E o teatro em si não é nem mesmo o local de encenação, não é o *stage* da ficção, porque também é ilusório enquanto lugar. Representação pura em que há apenas personagens e nenhum intérprete, *script* puro sem uma cena estável e sem dramaturgo (não dá para pressentir aqui o eco inquieto de Pirandello?).

Na trajetória que vai de Hume a Dennett, continua sendo o inevitável Nietzsche quem formula o problema, em um fragmento póstumo que remonta aos anos 1885-1887:

Contra o positivismo, que se detém apenas nos fenômenos [e diz] "Só há fatos", eu diria: não, precisamente não há fatos, mas apenas interpretações. Não podemos ver nenhum fato "em si"; talvez seja absurdo querer algo assim. "Tudo é subjetivo", afirmam vocês; mas isso já é uma *interpretação*, o "sujeito" não é algo já dado, é apenas algo adicionado com a imaginação, algo que foi adicionado posteriormente. — É enfim necessário colocar novamente o intérprete como anterior à interpretação? Isto já é invenção, hipótese (7 [60]).

E é interessante observar que essa "extensão do domínio" da interpretação (para imitar um título de Houellebecq) irá encontrar sua confirmação, mais do que nas hipóteses desconstrutivas de certa cultura pós-moderna, nos mecanismos da evolução biológica, compreendidos como cânones a fim de explicar — e, com isso, liquidar — a questão do eu.

Talvez essa seja uma das matrizes mais difundidas e compartilhadas do niilismo de nosso tempo, presentes transversalmente em posicionamentos culturais, mesmo que muito distintos uns dos outros. O enfraquecimento do "si mesmo" evidencia-se para muitos de nós como uma posição crítica em nível filosófico e cultural: um distanciamento que parece inevitável a muitos a partir das pretensões indevidas do chamado "sujeito moderno" e do antropocentrismo, enquanto um verdadeiro sistema de poder, para o qual tudo — a natureza, as outras pessoas, as outras culturas — seria gradualmente reduzido às reivindicações do eu, entendido como sujeito individual ou como subjetividade coletiva e política. Enfraquecer o sujeito, concebendo-o não mais como uma realidade substancial absoluta, mas como uma prática interpretativa sempre sujeita à redefinição, parecia ser o dever da cultura mais consciente e ideologicamente mais emancipada das décadas de 1970 e 1980 (uma das mais significativas referências na Itália, mas não só ele, foi, sem dúvida, Gianni Vattimo).

Contudo, esse enfraquecimento tinha e ainda tem uma vertente metaideológica, naquele sentimento difuso de vida que se propagou desde aqueles anos até nossos dias, de forma impressionante entre as pessoas, especialmente nas gerações jovens, e que, de uma forma simples, poderíamos definir como uma espécie de *astenia da certeza*. Não é, naturalmente, uma questão de condições psicológicas específicas, que sempre ocorrem nas histórias pessoais de cada um de nós, mas de uma dificuldade mais estrutural em assumir a si mesmo como um dado presente, e mais ainda como alguém que sempre tem de provar sua existência a si mesmo e aos demais. Como se o ponto de partida da existência não fosse a presença, mas a ausência do si mesmo, a ser preenchido, transformado ou construído como presença. Essa passagem tem algo como dois lados: por um lado, o empenho e até o dever do desempenho para se chegar à presença como um resultado de si mesmo, e, por outro, uma sutil tristeza, porque nenhuma realização pode alcançar no final uma presença que não estivesse presente já na origem.

Mas é aqui que a reviravolta acontece. Parecia-nos que a perda do eu — seja qual for a forma como é vista, como um empobrecimento ou como um ganho — era uma experiência típica do niilismo do nosso tempo. E agora, começando não tanto por teorias explicativas opostas, mas por nossa própria experiência, o niilismo se nos mostra como uma ferida de consciência ou um frêmito noético *dentro* do mesmo eu. Um eu não mais visto como o império do sujeito, mas como um fenômeno que constantemente precisa ser reafirmado em relação ao nada. Não é que o eu se tenha perdido no niilismo, ao contrário, é atravessando e superando o niilismo (embora na maioria das vezes não tenha esse nome) que o eu pode "ser" ele mesmo.

Tentemos ouvir o que nos diz sobre "si mesmo" um autor mais de dezesseis séculos distante de nós, que certamente não se insere no cânone dos "niilistas", mas que experimentou de forma bastante precisa essa dimensão do nada *no* eu. Estou falando de Agostinho de Hipona. Para ele, o ser humano nunca "é" própria e absolutamente ele mesmo, como só Deus pode ser. O eu, ao contrário — como todas as coisas criadas —, tende ao nada, caminha na direção do nada. "Quando as coisas nascem e tendem ao ser, quanto mais rapidamente crescem rumo ao ser, tanto mais se apressam na direção do não ser" [*cum oriuntur et tendunt esse, quo magis celeriter crescunt, ut sint, eo magis festinant, ut non sint*]" (*Confissões*, IV, 10, 15).

E a reverberação na experiência concreta dessa condição de "niilista" do eu está no fato de que, quase sempre, quando

Agostinho fala do si mesmo, enquanto recebido no ser do Tu divino, fala dele como uma história dramática de perda e alienação, que, no entanto, sempre encontra em si um contramovimento de retomada ontológica: "eu sou dilacerado em mil pedaços" [*frustatim discissus sum*], e "me evanesci em mil coisas diferentes" [*in multa evanui*] (*Confissões*, II, 1, 1). O eu é um *defluxus* contínuo, uma dispersão e uma perda de si mesmo, um deslize para dentro do nada: mas a consciência dessa condição crítica do eu, o próprio dar-se conta dessa dissolução, só pode nascer no recolhimento do eu no próprio si mesmo. É o conceito agostiniano de *continentia*, que não é a experiência moral da *abstinentia*, abstendo-se das tentações da carne, mas sim um *colligere*, precisamente o movimento de recolher-se, de ser-disperso a ser-uno. Tal movimento nunca é autogênico, não é produzido por si mesmo, mas é provocado por outro diverso de si mesmo. No "abismo da consciência humana", o eu pode lembrar-se de si mesmo porque torna presente — em si — a "si mesmo como um outro" (segundo o belo título de uma obra de Paul Ricoeur).

Mas como é que o eu percebe a si mesmo como um movimento em direção ao nada, que volta a ser cada vez de novo, porque a direção da consciência se inverte? Essa é, como já foi dito antes, outra história "edificante" (como são as barragens para os castores)? É apenas uma estratégia narrativa pela qual a evolução biológica se autolimita e se defende diante do que está além e fora de si mesma?

A beleza do niilismo do nosso tempo é que não podemos dar por garantida a resposta a essa pergunta, mas, acima de tudo, não podemos poupar-nos à própria pergunta. Toda forma de reducionismo realmente tenta resolver a questão do eu eliminando essa questão, ou seja, negando o fato de que é um problema. Mas assim não se dá um passo na explicação nem na experiência do si mesmo. Pela simples razão de que — como tem surgido várias vezes até o presente — o eu é ele mesmo o problema. Um problema que se reabre (para nunca voltar a se fechar definitivamente) cada vez que percebemos as coisas.

Fiquei muito impressionado com o modo pelo qual um psiquiatra como Oliver Sacks abordou essa questão; ele comprova, a partir de uma perspectiva decididamente naturalista, firmemente ligada ao evolucionismo biológico, a emergência inevitável dessa questão. Em um dos escritos publicados depois de sua morte, ocorrida em 2015, intitulado *O rio da consciência*, Sacks defende a tese de que o nosso cérebro não é um "sistema rígido", mas está continuamente submetido a uma "seleção experimental", no sentido de que é precisamente a experiência — e, portanto, a consciência — que dá forma "à conectividade e à função do cérebro". Mesmo a experiência pode mudar o cérebro, como se vê, por exemplo, no caso das percepções visuais, que ofereceriam um modelo particularmente significativo para o estudo da formação da consciência. A questão específica aqui — assim proposta pelos neurocientistas Francis Crick e Christof Koch — é explicar, no nível neuronal, a continuidade da visão que ocorre quando se percebe um movimento, e, desse modo, iluminar o mecanismo pelo qual essa continuidade teria como seu correlato uma (presumida) continuidade da mesma consciência do observador. A hipótese é a de que uma tal consciência se baseia numa série de "instantâneos" percebidos em diferentes momentos (apesar de muito pequenos, quando se adota a hipótese de que a duração de um "instante perceptivo" seria algo como "algumas centenas de milissegundos"), que depois são "conjugados" em um processo *aparentemente* contínuo, que se pode comparar, de certa forma, com a técnica cinematográfica que vai ligando vários quadros para obter uma única sequência. A consciência, em suma, seria composta de "momentos discretos", que nela e graças a ela se tornam um *continuum*; "mas nós nos enganamos toda vez que pensamos poder ser observadores passivos e imparciais. Somos nós que moldamos cada percepção, cada cena".

O exemplo pessoal de Sacks é esclarecedor:

> Enquanto escrevo, sento-me num café da Sétima Avenida e observo o mundo à minha volta. Minha atenção e minha concentração vêm e vão: passa uma garota de vestido vermelho, um homem caminha com um cão engraçado, o sol (finalmente!) emerge das nuvens. Mas vão surgindo também outras sensações, que parecem manifestar-se por si mesmas: a explosão causada pela combustão do motor de um carro, o cheiro da fumaça de um cigarro aceso por um vizinho que está no pátio. [...] Por que, entre mil percepções possíveis, é precisamente dessas que me dou conta? [...] O fato é que a consciência é sempre ativa e seletiva: carregada de sentimentos e significados exclusivamente nossos, que informam nossas escolhas e impregnam nossas percepções. Então o que eu vejo não é apenas a Sétima Avenida, é a *minha* Sétima Avenida, marcada pela minha individualidade e minha identidade.

Na continuidade da consciência visual, não está em questão uma decisão voluntária e consciente, mas a atitude, eu diria, do observador. Por isso, na verdade, nós somos "os diretores do filme que estamos filmando — e ao mesmo tempo somos também seus sujeitos: cada quadro, cada momento, somos nós, é nosso" [*every frame, every moment is us, is ours*].

E surge de novo e inevitavelmente a questão: como é que — se interroga Sacks — podemos alcançar um fluxo contínuo de consciência em que os momentos individuais não se dispersam, mas permanecem ligados entre si? Isso só ocorre porque — essa é a sua resposta — cada um de nossos pensamentos "tem um dono cuja marca ele carrega", ou seja, precisamente a marca do nosso eu [*as its Self*]. Assim, se é verdade que "nosso próprio ser" é constituído de "instantes perceptivos [ou] simples momentos fisiológicos", que ainda permanecem "como base para todo o resto", também é verdade que eles não são apenas instantes perceptivos, mas são, ao mesmo tempo, "instantes de um tipo essencialmente *pessoal*" (itálico meu).

Mas será que a marca pessoal do dono dos meus pensamentos — ou seja, o meu próprio eu — não é precisamente o sinal de que o que queríamos explicar como a correlação *aparente* de um mecanismo neuronal é, *na verdade*, aquilo sem o qual esse mesmo mecanismo não poderia sequer ocorrer? Em suma, chegamos sempre *tarde demais* para querer provar as causas biológicas determinantes no surgimento do eu, porque simplesmente elas já o implicam, o exigem, o acompanham. E é razoável lançarmos a hipótese de que todo o procedimento analítico-experimental que visa a reduzir o eu às suas funções neurobiológicas pode, pelo contrário, constituir a evidência mais retumbante da sua presença.

Capítulo XVII
UM PODER AMBÍGUO. A FACE TÉCNICA DO NIILISMO

1. Se quiséssemos identificar os traços característicos do niilismo do nosso tempo, certamente deveríamos ir procurá-los no cenário *técnico* do mundo. Afinal de contas, tem sido assim desde o tempo da primeira grande explosão niilista do século XX, especialmente no que Nietzsche já identificou como niilismo não mais "passivo", mas "ativo". Basta pensar na análise muito lúcida e implacável de um observador excepcional como Ernst Jünger. Começando a partir da progressiva transformação do ser humano na função de "trabalhador", um perfil não apenas social, mas, por assim dizer, metafísico do homem, e também tendo em conta a avançada mecanização dos conflitos armados (já na Primeira Guerra Mundial, compreendida como "guerra de materiais"), Jünger compreendera que o sentido mais profundo do niilismo não poderia ser encontrado na fraqueza espiritual da *décadence*, mas no sistema militarmente organizado pela sociedade. Ele não estava na doença causada pelo ocaso dos valores antigos, mas numa nova saúde, mais precisamente numa nova "saúde física", decorrente com exatidão da perda de um sentido de realidade último, que não

passava, no fundo, de um mero e simples funcionamento de um sistema de ordem.

Em outras palavras, a condição niilista não levaria necessariamente à vitória do "caos": no fundo, isso pode ser um efeito colateral, não uma característica distintiva do niilismo. Pelo contrário, de acordo com Jünger, é em "sistemas de ordem de extensas dimensões" que tal condição encontraria o terreno mais fértil para a implantação de sua força, uma vez que "a ordem não é apenas bem-vinda ao niilismo, mas faz parte de seu estilo". Por isso, Jünger observa com sentido trágico, em referência aos campos de concentração, que é precisamente "nos lugares onde o niilismo mostra suas características mais perturbadoras, como nos grandes lugares de extermínio físico, que reinam de forma soberana a sobriedade, a higiene, a ordem". E quanto mais o niilismo acelera a redução, e até o "esvanecer-se" [*Schwund*] do mundo, mais prevalece a grande ordem do Leviatã, o Estado que controla e dispõe.

Agora, em vez disso — e esse é o ponto de viragem do nosso tempo —, o Leviatã é pura técnica, técnica em si mesma, ou seja, já não mais apenas *como* empregada, escravizada, manipulada pelos estados (ou por interesses privados). Há também isso, é claro: basta pensar na guerra "tecnológica" aberta em curso entre os Estados Unidos da América e a China — como uma nova versão da guerra "ideológica". Entretanto, em certo ponto, até mesmo os Estados, mesmo as grandes empresas tecnológicas, já não são os condutores desse processo, mas são eles próprios regidos pela técnica, para a qual se transfere, em âmbito global, universal, metafísico-político, o papel da divindade bíblica do poder absoluto, a saber, o Leviatã — seja ele público ou privado.

A técnica, porém, é um fenômeno *ambíguo*. Para começo de conversa, uso esse termo, "ambíguo", não no sentido de falso, no sentido de intenção, ou de duplo, no sentido de comportamento, mas no sentido etimológico, isto é, que implica sempre uma indecisão derradeira com relação às suas possibilidades, que se mantém aberta entre duas possibilidades de leitura, sem que uma anule a outra, mas, ao contrário, uma está sempre referida à outra. Como explicar essa ambiguidade? Talvez a partir dos dados da nossa experiência da técnica, ou melhor, da tecnologia. Como foi corretamente apontado (refiro-me, por exemplo, a Umberto Galimberti), as duas coisas estão intimamente implicadas entre si, mas não são idênticas, uma vez que "tecnologia" é a soma dos meios ou dos instrumentos que aplicamos e pelos quais desfrutamos das possibilidades oferecidas pelo aparato técnico do mundo, enquanto a "técnica", em sentido próprio, é o tipo de racionalidade que preside num nível conceitual a própria ideia de tal aparato: a ideia de buscar e assegurar a melhor solução para qualquer tipo de problema de forma mais "econômica" e no menor tempo possível.

Em nosso uso dos meios tecnológicos e, mais ainda, em nossa suposição de uma racionalidade tecno-instrumental, somos sempre aqueles que *utilizam* a técnica, ou melhor, aqueles que dela *lançam mão ao bel-prazer*, no sentido de que, como usuários, dispomos de suas extraordinárias possibilidades. Ao mesmo tempo, basta deter-nos por um momento para nos darmos conta do risco que, de forma contínua, mesmo que inadvertida, nós corremos, a saber, de nos tornarmos *um joguete* em suas mãos, ou seja, de ser, de alguma forma, já predeterminados em nossos desejos, no que nós queremos fazer ou mesmo nas próprias possibilidades que acreditamos ter diante de nós. Essa ambiguidade nos impede de considerar a técnica *apenas* como um sistema que prenderia sem escape a vida dos homens, mas ao mesmo tempo nos impede de considerá-la *apenas* como o caminho que nos leva a um gerenciamento perfeito e feliz da nossa existência: em ambos os casos, ela seria como o destino irrecusável do nosso tempo e do nosso eu. Essa ambiguidade, portanto, dá o que pensar e levanta uma questão crucial: como e em que medida o tempo em que vivemos nos leva a ter consciência de nós mesmos.

Fomos "empoderados" pela técnica. Inevitavelmente ela aumenta — e sem dúvida de uma forma fascinante e sedutora — o nosso poder, a nossa capacidade de atuar. Ao mesmo tempo, graças a ela, podemos também descobrir que nos tornamos supérfluos. Nós podemos ser seus gestores, decidindo como alcançar nossos objetivos usando as ferramentas que ela coloca à nossa disposição; mas também podemos tornar-nos totalmente inúteis na gestão de um sistema cada vez mais capaz de autocontrole e, portanto, *tendencialmente* autossuficiente. É o enigma não resolvido de muitas histórias de ficção científica, a saber, que o inventor é expulso e até aniquilado pela autorreferencialidade de seu produto. Uma espécie de "secularização" das criações tecnológicas, capaz, no final, de rejeitar como indiferente o seu criador.

Diante de tal ambiguidade — uma ambiguidade feliz, como se dizia acima, por causa de sua força de provocação —, nosso problema não é tanto (ou apenas) ter medo da ameaça e tentar nos defender do risco, mas, antes, enfrentar e superar essa situação: aceitar sua provocação. Por outro lado, querer evitar o condicionamento grave imposto pela técnica, simplesmente tirando o corpo fora, não é uma atitude razoável, porque a técnica não só *pertence* ao nosso mundo como também o *constitui* de cima a baixo; não é apenas um elemento contextual na geografia das nossas sociedades, mas representa o nosso próprio *habitat*: e seria ingênuo ou retórico querer evadir-se dessa questão. Seria como um chamado abstrato ou utópico que não levou em conta a experiência real.

Não é possível vencer a ambiguidade da técnica insistindo nos valores "humanísticos", reafirmando a centralidade do homem e de suas finalidades frente ao domínio tecnológico, mesmo porque, se tirássemos o homem desse domínio, acabaríamos retirando-o de seu próprio ser e estar no mundo. E isso aplica-se tanto ao passado quanto ao futuro. *Ao passado*, porque a tecnologia tem acompanhado a aventura humana desde o início: "artificial" e "tecnológico" já é a atitude cultural primitiva, por parte de um ser biologicamente deficiente e inseguro, como o homem, intervindo na natureza por meio da caça, do cultivo, estabelecendo-se num ambiente hostil e, assim, fazendo dessa natureza um "mundo" (como descreve de forma convincente um autor clássico como Arnold Gehlen). Sem mencionar o fato de que o próprio *logos*, a linguagem e o discurso dos seres humanos, constitui (como Carlo Sini mostrou) a primeira e essencial forma de técnica pela qual "elaboraram" e deram "significado" ao mundo.

Ao futuro, então, a técnica — entendida como o conjunto de ferramentas com as quais o nosso corpo habita a natureza na forma humana e consciente — se constitui cada vez mais numa extensão do nosso pensamento, não apenas uma prótese corporal, mas, se o podemos dizer, um deslocamento da nossa própria consciência. É bem verdade que alguns filósofos e cientistas da área da epistemologia — refiro-me a David Chalmers e Andy Clark — falam inclusive de uma "mente estendida", isto é, uma mente que não estaria localizada apenas no cérebro, mas disseminada também fora de nós, e cujos terminais cyber-neurológicos seriam os instrumentos, ou melhor, os "órgãos" com os quais podemos tocar o mundo, vê-lo, ouvi-lo etc., interagindo com o nosso ambiente. Já estamos quase adentrando uma necessidade absoluta da técnica, tanto que, ao interromper o funcionamento de qualquer aparelho, surge instantaneamente a ambiguidade daquilo de que estamos falando: quando trava uma ferramenta tecnológica que estamos usando, parece que se perde o "eu" que a estava usando, fica preso, trava e, quase que com desespero, não vemos a hora da chegada do técnico para reajustar os órgãos externos da mente e poder retomar a posse de si mesmo.

A oscilação entre lançar mão da técnica e ser usado por ela não deve, portanto, ser entendida apenas como uma diferença de uso ou uma finalização diferente de suas possibilidades operacionais. Como salientaram muitos observadores já de há muito tempo (refiro-me à insistência de Emanuele Severino, a propósito), a técnica não é um instrumento neutro, inocente *de per si*, ao qual os homens atribuiriam metas e endereços, dependendo de um bom ou mau uso. E isso, mais uma vez, em dois sentidos, aparentemente contraditórios: por um lado, desde o início, a técnica tem implicado sempre a vontade do ser humano de construir o seu mundo, dando-lhe um sentido apropriado; por outro lado, a exponencial evolução dessa estrutura constitutiva do ser humano (e do mundo) evidenciou uma tendência — presente, também essa, mesmo que de forma implícita, desde as origens — de usar as ferramentas da técnica como fins em si mesmos, e, portanto, substituir o sentido para o qual seriam utilizados pelo seu puro funcionamento. Quanto mais funciona a técnica, menos necessita de um propósito maior que ela.

2. E é precisamente nesse ponto que se revela a face "técnica" do niilismo do nosso tempo ou — ao contrário — o traço niilista da técnica como potência implantada num âmbito planetário. Foi Martin Heidegger que nos mostrou, desde os anos 1950, esse nexo tão relevante na era contemporânea; e fê-lo à sua maneira, tentando destacar na técnica o destino epocal do ser. Mais precisamente, para Heidegger, a técnica pode ser a maneira pela qual se cumpre em nosso tempo o destino inscrito desde o início na metafísica ocidental, a qual, já a partir de Platão até Nietzsche (inclusive), tem privilegiado um pensamento que determina, define e calcula os entes do mundo como sendo "objetos" à nossa disposição, esquecendo de ver ali o "mistério" do ser, o vir à presença das coisas, o ser que se retrai e se recusa aos produtos que dele nascem (já menciona-

mos isso no capítulo 11). A metafísica teria, de fato, esquecido e escondido esse mistério por trás da dominação da produção dos entes (primeiro "produzidos" por Deus, e depois "produzido" pela técnica). Por essa razão, de acordo com Heidegger, a metafísica é niilista desde a sua essência, e o niilismo não começa (como se acredita) quando se abandona a metafísica, mas se inicia precisamente por causa da impostação "metafísica" de nosso ser e estar no mundo. E a técnica seria exatamente a forma pela qual se realiza e se manifesta essa vocação niilista da metafísica.

Em uma famosa conferência proferida por Heidegger em 1953 intitulada *A questão da técnica*, o filósofo destaca exatamente a questão metafísico-niilista desse fenômeno: em geral, pensa-se que a técnica pertence à atividade humana e se a compreende mais precisamente como "um meio em vista de fins" determinados pelos homens. Assim, tudo poderia ser reduzido a usar a técnica como um meio adequado em vista dos fins superiores do homem (como seriam os fins espirituais). Mas esse modo de ver corre o risco de falhar estrondosamente seu objetivo, porque confunde a consequência com a origem. A essência da técnica para Heidegger é muito mais que isso: "não é simplesmente um meio", mas "um modo de desvelar" os entes. Ela não pertence, a princípio, à obra instrumental do homem; pelo contrário, este "não tem qualquer poder [...] sobre a revelação em que, de tempos em tempos, o real se mostra ou se retrai". Muito mais do que ser uma atividade humana, a técnica é um caráter de ser do mundo. Ela des-vela, portanto, *a verdade* do ser, de acordo com a identificação que propõe Heidegger entre a verdade e o des-velamento em que sempre nos encontramos (de acordo com a etimologia do grego *a-létheia*, "verdade" como "não-latência" e "saída do velamento").

O que desvelaria a técnica do ser dos entes? O que mostraria da verdade do ser? Heidegger usa um termo sintético para dizer o que acontece com a técnica: *Gestell*, ali onde o -*stell* (do verbo *stellen*) expressa o pôr, o dispor, o produzir, e o sufixo *ge-* indica a reunião ou o conjunto dos modos desse pôr, e que, no vernáculo, pode ser traduzido como "com-posição" ou "imposição". A técnica, porém, é uma espécie de convocação ou desafio, uma provocação dirigida ao homem para que ele use a natureza e toda a realidade como um "fundo" de reserva para acumular, empregar e explorar.

Mas de onde vem essa convocação da técnica? Ela não vem da própria técnica, mas, se utilizando de uma conclusão paradoxal, Heidegger afirma que "a maneira de desvelamento que vige na essência da técnica moderna" *não é* "ela mesma algo técnico".

Essa afirmação parece ter sido feita para nos desorientar. É o mesmo des-velamento, ou seja, é a mesma verdade que, para Heidegger, nos convoca: ela nunca é apenas um estado de coisas ou um procedimento lógico, mas um apelo ao homem. E cabe ao homem "responder ao apelo do desvelamento, mesmo no caso em que o contradiga". Mesmo que os homens da nossa época pareçam ter esquecido a questão da verdade, reduzindo-o à justeza de uma concordância entre o eu e a realidade e ainda mais à eficiência de um desempenho, de fato, precisamente quando esses adotam uma tal postura de esquecimento, eles já *se encontram* convocados e coenvolvidos por um chamado silencioso. Isso lhes diz de forma tácita, mas de dentro do próprio gesto de imposição técnica, que essa redução extrema de todo o ente ao cálculo os faz perder justo aquilo que é *incalculável*, isto é, a verdade inicial do ser que não está à nossa disposição, mas que se doa a nós, precisamente quando se afasta e se retrai de nós. É só porque o mistério do ser nega que possamos dele nos apropriar que podemos calcular o mundo inteiro. Sendo assim, é no pensamento de cálculo — e, portanto, *dentro* do niilismo, não fora dele — que se preserva, se resguarda aquilo que foi esquecido originalmente. Heidegger afirma novamente na conferência citada:

> O perigo não é a técnica. Não há nada demoníaco na técnica; há apenas o mistério de sua essência. [...] A ameaça ao homem não vem antes de tudo de máquinas e aparelhos técnicos, que também podem ter efeitos mortais. A verdadeira ameaça já atingiu o homem na sua essência. A dominação da composição ameaça, fundando a possibilidade de que ao homem possa ser negado recolher-se, retornando a um desvelamento mais originário e, assim, experimentar o apelo de uma verdade mais inicial. Então, onde domina a composição, há *perigo* em sentido supremo. "*Mas onde há perigo, ali cresce / também o salvífico*" [Hölderlin, *Patmos*].

Não é difícil pensar que essa perspectiva aberta por Heidegger mais criou do que resolveu problemas. O que poderia significar recolher-se na experiência de uma verdade "mais inicial"? Será que a técnica, como um cálculo de racionalidade implantado, impediu, de uma vez por todas, a possibilidade de uma origem ainda virgem? O progresso do aparato técnico global não foi lançado a toda a velocidade rumo a uma construção em que os traços da origem ou as intenções do início são apagados, ou continuamente reprogramados com vista a uma realização cada vez mais poderosa e eficiente? A menos que o desvelamento mais originário seja entendido como um ponto inicial ou inaugural, não como um passado ao qual se deve retornar, mas como um momento *presente*, um evento que é, no fundo, como um fio a prumo, que se afunda em cada gesto da técnica empregada — desde a mais cotidiana e óbvia até a mais sofisticada própria da pesquisa científica e tecnológica — oferecendo uma profundidade como condição da superfície.

O que salva, não tanto *da* técnica, mas *na* técnica, portanto, não é algo que vem ao encontro de nós, mas algo que se move para longe de nós, porque é só no ponto de fuga dessa distância que os entes podem voltar a se comunicar conosco não como objetos para o uso, mas como "coisas" que guardam em si o seu sentido e que nenhum procedimento técnico pode substituir.

Tudo isso, como disse Heidegger, *não* está em nosso poder. O jogo é maior do que nós, embora não pudesse acontecer se não assumisse a forma de um apelo voltado ao homem. E a responsabilidade do homem para com a técnica não parte mais de uma preocupação ética (no extremo, isso vai acabar sendo uma consequência), mas de uma consciência diferente, possível do que cada um de nós "é" frente ao perigo desse chamado.

É difícil subestimar todo o fascínio, ainda que um tanto suspeito, desse posicionamento de Heidegger, embora aos olhos de muitos críticos esse ainda se mostre como uma instância "misteriosa" e, por fim, irracional, especialmente para aqueles que se mantêm fiéis ao significado técnico de "cálculo" implicado na palavra *ratio*. Mas não há dúvida de que isso trouxe um ganho para todos: a saber, dar à técnica o *status* de um problema não apenas sociológico ou econômico, mas ontológico e filosófico. E sobretudo ter sugerido a sua íntima implicação com o fenômeno do niilismo. No entanto, continua sendo — como deveria ser — uma questão em aberto: quem é o tipo de homem que pode responder à vocação ou, mais sobriamente, à provocação da técnica? Se essa última parece, por seu lado, plasmar cada vez de forma mais maciça e sutil o perfil antropológico e até mesmo a dimensão perceptiva dos seres humanos, onde esses últimos vão encontrar os recursos para serem capazes de dizer "eu" e de aceitar e recolocar o desafio da técnica como "sujeitos" e não apenas como "objetos" de discurso?

3. Ao longo dos últimos anos, multiplicaram-se as abordagens críticas ao domínio cada vez mais generalizado da técnica na vida das pessoas e nas estruturas da sociedade (mencionamos

anteriormente quando falamos de inteligência artificial). Um dos pontos mais debatidos diz respeito ao seu impacto no mundo do trabalho, onde a automatização de muitos processos de produção e distribuição até agora realizados ou controlados pelos seres humanos conduz inevitavelmente ao desaparecimento de muitos perfis profissionais, embora possa também levantar novos. Claro, outro ponto inflamado do debate sobre a técnica está relacionado ao controle de dados confidenciais de cada indivíduo que simplesmente usa um *tablet* ou um *smartphone*, até a dados restritos ao âmbito dos militares, dados empresariais, institucionais e políticos, para os quais a configuração "digital" de nossa sociedade e de nossas próprias existências, de ser um sonho compartilhado de oportunidades e de liberdade generalizada — como em uma "casa consciente" com a participação de todos —, acabou se tornando uma ameaça contínua de nossa privacidade, por meio do uso indiscriminado das informações sobre nossa vida, visando a envolver-nos como clientes e consumidores perfeitos (refiro-me ao artigo dramático de Shoshana Zuboff sobre o "capitalismo da vigilância").

Mas uma segunda e mais importante perspectiva de abordagem crítica da técnica — uma vez mais, no entanto, como uma arrancada inicial, em termos de uma discussão sobre o bom ou mau uso da tecnologia — é a que aponta para a urgência ecológica e a responsabilidade nos confrontos com o nosso ecossistema, produzido em grande parte pela técnica, mas que também pode ser enfrentado graças a esta visando a fins conscientes em relação à nossa conexão com a natureza. Trata-se, portanto, de uma viragem ecológica *da* técnica e, ao mesmo tempo, de um resgate ecológico *a partir da* técnica.

A técnica utilizada para o lucro separou-nos da natureza — aquela a que pertencemos em nós e fora de nós — e, por isso mesmo, é através da técnica que devemos reintegrar-nos na natureza. Se nos baseamos em um autor como o sociólogo e antropólogo Edgar Morin, veremos com clareza a trama da única resposta considerada adequada para a catástrofe ecológica induzida por uma economia dominada pelos interesses do "capital financeiro especulativo". E a resposta está na elaboração de um novo "pensamento global", que reconstrua em toda a sua "complexidade" o entrelaçamento entre a vida das pessoas, as condições econômicas e a ligação com a natureza, com a qual estamos unidos por uma espécie de "cordão umbilical". E isso vai desde o uso preferencial de energias ilimitadas — o sol, o vento, o mar — em relação às energias esgotáveis — petróleo e carvão — até o repensar da relação entre cidade e campo e o incremento de uma agroecologia. Em suma, há de se recuperar a natureza reconstituindo, também graças à técnica, o sistema aberto de correlações e contextualizações, mas em um nível que lance suas raízes em uma nova epistemologia, em um patamar diferente, sistêmico, reconstrutivo.

Contudo, há também outra tendência, na qual o caminho identificado para resolver não só a emergência ecológica, mas o desequilíbrio e a desigualdade entre homens, as sociedades e os povos da Terra, é buscar uma "simplificação", se o podemos dizer, em relação à "complexidade" de que fala Morin. A ideia de que o desenvolvimento e o crescimento econômico das sociedades é um valor absoluto em si precisa ser questionada. Se o preço dessa tendência, predominante também através do uso discriminatório das tecnologias, é a perda da cooperação entre as pessoas, do espírito de solidariedade e do respeito para com a natureza, dos quais se continua a saquear os recursos — como afirmou programaticamente o economista e antropólogo Serge Latouche —, é preferível certamente adotar o ideal de um feliz e sereno "decrescimento".

4. O cronista que segue os passos do niilismo de nossa época, contudo, não deixará de observar que o ponto decisivo que nos impõe a técnica não é, antes de tudo, uma torção ética

desta. E não porque a elaboração de limites, políticas e protocolos de correção não sejam úteis e mesmo necessários (lembrou-nos recentemente um livro de Luciano Floridi), mas porque a sua utilidade depende da postura que os seres humanos assumem perante esse desafio (a esse "perigo", para continuar a usar a palavra de Hölderlin – Heidegger), ou seja, de como aceitam a provocação para compreender *quem* são. O mais interessante é que não se trata de compreender abstratamente a identidade do ser humano, o que lhe é próprio, suspendendo ou colocando entre parênteses a relação com a técnica, mas, ao contrário, de questioná-la precisamente graças e através dessa relação. Isso porque o rosto irredutível de um ser humano – se existisse – só pode ser descoberto e redescoberto historicamente tendo em conta o que diz a época em que se vive, ou talvez silencia, ou nos pede.

Gostaria de retomar aqui apenas duas tentativas que parecem indicativas – e ao mesmo tempo problemáticas – da necessidade de repensar o nexo já quase indestrutível entre o "quem é", do ser humano, e o "o que é", da técnica. A primeira é de Maurizio Ferraris, que em um livro, chamado *à* Jünger, *Mobilização total*, propõe que se pense o ser humano na era da técnica, implementada como uma nova versão radical de sua "dependência", não mais como uma dependência metafísica (de um criador) ou física (das causas biológicas) ou social (como resultado dos dispositivos do poder), mas como uma pura dependência "ontológica". Isso significa para ele que o ser dessa realidade que cada um de nós é (e todos estamos em um mundo social compartilhado) não está tanto no ser-criado ou gerado ou causado, mas simplesmente em ser "registrado". O termo é tomado em seu sentido literal, como quando o nascimento de um indivíduo é, de fato, registrado no cartório do município de residência: não é que esse ato de registro, isto é, esse documento, dê origem a sua existência, mas faz "surgir" a presença e o real sentido da sua existência. Esse sentido *duro*, do qual dependem todos os outros sentidos possíveis do eu e do mundo.

Em cada registro documental se dá então esse "surgir" do mundo social a partir do mundo natural, que hoje se dá, em sua forma mais "absoluta", através da rede — não em um sentido figurado ou simbólico, mas no sentido efetivo e tecnológico da web —, em que não só se expressa, mas se estrutura e como que se substancializa a realidade social. A web é um absoluto ontológico no sentido de que não é o mero produto de uma construção social, mas é o que precede e torna possível qualquer construção. Em outras palavras, a rede — "aquilo que não está ligado a nada além da eletricidade" — manifesta esse ponto incontrolável da nossa *natureza* humana e social, que constitui o sentido mais radical, mas também o mais enigmático de nossa finitude.

O fato de sermos seres finitos, para Ferraris, quer dizer, antes de qualquer coisa, que estamos, não ocasionalmente, mas ontologicamente, à disposição de um "dispositivo" tecnológico que nos mobiliza permanentemente, que nos convoca, portanto, a ser — a vocação ontológica do *homo technologicus* —, mas que, até certo ponto, somos nós, ou mesmo o poder cultural ou econômico ou técnico-científico que constrói, rege e pode controlar. A todo momento estamos "à mercê" de um aparato que tem suas próprias "armas", como *smartphones* ou *tablets*, que, mesmo apenas através do sinal de chegada de um e-mail ou um SMS, nos interpelam: "Onde você está? Apresenta-te, age!".

Tudo isso, porém — como já foi dito —, não é apenas o resultado de um condicionamento técnico e social. Nele se revela uma essência mais profunda. Dependemos de um nível de acesso que não é simples, de uma realidade obscura, "a grande atividade fundamental [...] inconsciente", que "diz respeito a forças das quais não temos noção", mas que são reconhecidas no aparelho tecnológico. Nossa finitude consiste em sermos e estarmos entregues a esse aparelho de documentação e registro através do qual somos rastreados e permanentemente rastreáveis em nossos perfis individuais, como em nossos lugares, em nossos tempos, em nossas intenções. A origem dessa dependência é entendida por Ferraris como a realidade de um poder absoluto do qual derivamos e ao qual pertencemos, e que permanece como um extrato de realidade irredutível e inevitável. E não é por acaso que, para entender do que se trata, Ferraris propõe uma analogia com a doutrina católica do "pecado original": uma absoluta dependência, a partir da qual, no entanto, pode surgir um processo de libertação, de salvação. Mas isso se dá de uma forma completamente secularizada e desmistificada: já não é a graça divina que salva do pecado, mas a cultura, em seu alcance emancipatório e libertador.

Justo adotando as possibilidades infindas e indefinidas que a web disponibiliza para um número cada vez maior de pessoas — isto é, supondo o poder absoluto como uma oportunidade e não como uma mera submissão —, a cultura, de acordo com Ferraris, permite-nos imaginar uma transformação e uma estratégia adequada para afastar a morte, isto é, a falta de um sentido para a existência.

A segunda tentativa que eu gostaria de mencionar é a apresentada pelo escritor Alessandro Baricco, que busca compreender o teor da "mutação" da vida e do mundo em torno de nós, da percepção e do pensamento, dos fins e dos meios, da imaginação e do desejo, em suma, aquela mutação, por assim dizer, *do próprio ser* que ocorreu e ainda está se realizando através da revolução digital. O que significa existir para nós, estar ali presente para a realidade, o que significa construir o mundo para cada gesto nosso, quando o nosso *habitat* vai se parecendo cada vez mais com um jogo eletrônico, quando o nosso horizonte físico, semiótico, metafísico é o do "*Game*".

Também Baricco, partindo da fenomenologia dos *devices* tecnológicos, busca expandir o campo tentando identificar as estruturas fundamentais que regem essa ruptura epistemológica e essa radical reformulação de nosso aparato sensorial:

> Hoje, a maioria dos humanos ocidentais aceita o fato de estar vivendo uma espécie de revolução — certamente, tecnológica e talvez mental — que está em vias de alterar quase todos os seus gestos e, provavelmente, também suas prioridades e, em última análise, a própria ideia do que deve ser a experiência.

Como era de esperar, inicialmente isso gerou o medo generalizado de perder o horizonte e o sentido do mundo herdado do século XX, que, no entanto — acrescentamos nós —, era um mundo tecido de crises e lacerações. Era ainda sempre o nosso mundo, com suas referências ideais, nas quais o ideal perdera sua evidência e persuasão e se transformara em perda não mais ocasional, mas permanente. O ideal, eu diria assim, já se tinha transformado na perda do ideal, ou seja, o sentido na ausência ou na impossibilidade de sentido. Em suma, o século XX já estava permeado e tomado pelo niilismo (uma palavra que está ausente, no entanto, do livro de Baricco).

Entretanto, o que aconteceu, já no século XX, com o *Game* digital? Nada menos do que a crise de sentido, aquela crise em que, aprofundando a experiência, a consciência, as relações sociais, o que se buscava era na verdade o significado último — ou seja, profundo — que por fim *não* foi encontrado. Ora, essa crise de sentido foi resolvida através de uma inversão do *iceberg*: se até então o sentido ou a essência das coisas se encontrava dentro, embaixo, no fundo, escondido, inacessível e em relação aos dados da experiência na superfície, agora, porém, é trazido à superfície, aquela superfície cuja imagem mais impressionante é o monitor plano de um computador, tecnológica e metafisicamente "simplificado" graças à intuição revolucionária de Steve Jobs. O poder dos "ícones" que aparecem assim que se abre a tela: com suas imagens estilizadas, indicam os objetos que substituem e que substituirão já quase indefinidamente "o aparelho telefônico, a agulha da bússola, o envelope das cartas, o relógio com seus ponteiros. Até havia inclusive uma engrenagem dentada". Essas imagens icônicas, símbolo por excelência da cultura digital, eram

> como boias que sinalizavam o ponto preciso onde o coração útil das coisas tinha subido à tona, desprendendo-se da complexidade dos processos do século XX que o mantinham cativo. Estavam ali para sinalizar que a *essência da experiência tinha ressurgido de seus antros subterrâneos, saindo à superfície como seu habitat natural*, e levando a identificar a essência e a aparência.

Há outro aspecto que mais me impressionou nessa jornada ao coração do *Game*, a saber, o confronto entre a experiência (vamos chamá-la ainda desse modo) do "século XX" e a que Baricco chama de "pós-experiência" digital. Na primeira (expresso com minhas próprias palavras), a perda do sentido final da realidade deixou para trás uma espécie de falta, uma nostalgia ou um vazio amargo que era como o traço e o testemunho do que se havia perdido. Com suas palavras fascinantes, Baricco o descreve assim: é como quando você assiste a um filme e, nas margens da tela, a imagem cintila, não está fixa, não adere perfeitamente à tela, mas apenas "vibra". Assim, "essa vibração é o movimento no qual o real começa a ressoar, é desfocado, onde o real acolhe o hálito de um sentido, é o atraso em que o real produz mistério: é então o lugar, o único de toda e qualquer experiência real. Não há experiência real sem essa vibração". E ela é como a nossa "alma" e a "alma" das coisas.

Hoje, na era do *Game*, esta em que os *frames* fluem aderindo perfeitamente ao suporte digital, que fim levou essa vibração? Estará irremediavelmente perdida? A pós-experiência ainda será capaz de fazer compreender a ausência imperfeita, esse descolamento que faz aparecer sentido, sem o qual não é possível haver experiência nem antes nem depois? (Não é necessário lembrar que sem sentido não pode haver experiência, mas apenas um caos não relacionado de estados perceptivos ou mentais).

E, no entanto, de acordo com Baricco — o qual, como um adivinho, vai em busca da fonte de água, não mais escavando, mas patinando na superfície da existência digital —, essa vibração também acontece na pós-experiência do *Game*. Justo quando nos parecia que o uso contínuo e compulsivo dos *devices* por parte das crianças (mas cada vez mais, também, por parte daqueles que já não são mais crianças) fosse afundar sua cabeça e sua atenção para dentro do redemoinho da fragmentação, sem uma linha contínua da consciência e da intensidade da experiência, exatamente então foi possível perceber que, "no *Game*, havia algo que pulsava, que vivia, que produzia experiência, que dava origem à intensidade do sentido, que gerava ânimo". Começa outra experiência, que, por mais que seja "*post*" em comparação com aquela que fora perpetuada e codificada, não é menos experiência:

> Aproveite o *iceberg*, aproveite o fato de que alguém foi desenterrar a essência das coisas para colocá-la na superfície do mundo [...] e faça o único gesto que realmente esse sistema parece sugerir a você: coloque tudo em movimento. Cruzamentos. Colegas. Sobreposições. Misturas. Você tem à sua disposição células da realidade expostas de uma forma simples e rapidamente utilizável: mas você não para de usá-las, você começa a *trabalhar* nelas.

Esta seria a pós-experiência "filha da superficialidade" (Lembra-se da "maravilhosa superficialidade" de que falava meu aluno no capítulo 5?), em que o sentido das coisas não é mais alcançado nas profundezas — isso iria atrasar a vida! —, mas é alcançado à medida que você se move mais rapidamente na superfície do mundo. Então, "se você trabalhou bem [...] não será difícil encontrar em seus passos uma espécie de efeito estranho, uma espécie de modificação que altera o texto do mundo, que parece colocá-lo em movimento: *como uma espécie de vibração.* Olha para ti: é a alma; está de volta".

Mas de que alma se trata? Ainda temos de perguntar. Provavelmente a alma a que Baricco dá as boas-vindas é uma nova versão da alma do mundo, espelhada e construída através de nosso trabalho — que, propriamente falando, não é "nosso" trabalho, mas, sim, é trabalho do *device* que estamos usando, ou melhor, que nos usa como dígitos terminais para reprojetar, no caos das possibilidades infinitas, um possível *logos*, em que a casualidade se transforma em causalidade. Quanto à *nossa* alma, é difícil dar uma referência a esse adjetivo possessivo, a não ser no ato em que trabalha nas células da realidade que rapidamente se sucedem na tela. Não há um eu que trabalha; é esse trabalho digitalizado que produz o eu.

Tudo isso significa que o eu é uma produção incessante de si mesmo: não mais uma substância, mas uma transição contínua da potência ao ato, onde a atuação não realiza, mas constitui, por sua vez, uma outra potencialidade que busca mais uma realização. Por essa razão, enquanto "a experiência tinha a sua estabilidade e dispunha de uma sensação de solidez, de permanência do si mesmo", a "pós-experiência, pelo contrário, é um movimento, um traço, um cruzamento, e transmite, essencialmente, um sentimento de impermanência e de volatilidade: gerar figuras que não têm início nem fim, nomes em permanente atualização". Esse seria, portanto, no *Game*, a nova maneira de "criar sentido, reencontrar a vibração do mundo, despertar uma alma das coisas: mas o preço a ser pago é uma instabilidade subjacente, uma impermanência inevitável".

Mas há de se perguntar se isso é uma perda ou um ganho. Para Baricco, certamente, trata-se mais de um ganho do que de uma perda. O *Game* nos permitiria libertar-nos da "tragédia do século XX":

> não mais fronteiras, não mais elites, não mais castas sacerdotais, políticas, intelectuais. Um dos conceitos mais desejados pelo homem analógico, a verdade, de repente torna-se turvo, móvel, instável. Os problemas são traduzidos em jogos a serem vencidos num jogo para adultos-crianças.

E assim, com o *Game*, podemos finalmente livrar-nos desse niilismo que é parte integrante da experiência humana herdada do século XX? Com o *Game*, parece que a técnica nos poderia salvar da insensatez, apenas desarmando a questão do significado, e, finalmente, poderia nos arrancar do nada — e acima de tudo do medo do nada — através da pretensão de ter o mundo à nossa disposição. A pretensão desse jogo é realmente elevada: consiste na tentativa de neutralizar o convite ou o desafio que a realidade sempre lança ao nosso eu, de compreender a razão pela qual estamos no mundo. Mas se o mundo é o que podemos construir em seus diferentes planos de perspectiva, então a razão pela qual estamos no mundo é uma opção clássica de "menu suspenso", para os menos experientes, ou algorítmica, para os mais experientes e, portanto, para a nova *elite* digital. O "porquê", o último totem do século XX que ainda nos prejudica e nos atormenta, não deveria ser absorvido e normalizado na função do "como"?

Vertigem da web em que o eu deixaria de estar *sozinho*, no sentido preciso de que deixaria de ser *apenas eu*, mas cada vez mais potencialmente tudo, tudo o que pode ser. Contudo, também *apenas* isso. Esta é a ideia que está no fundo daquilo a que poderíamos chamar de "tao" da tecnologia, o caminho zen para a (auto)dissolução consciente da consciência. Porque a consciência não pode existir sem questionar o significado: a nossa consciência sequer começaria se não tivesse de se identificar em relação a um outro que não ela própria. Só que esse outro, o termo de uma relação contínua e generalizada, torna-se a forma de dissolver o nó de interrogação e inquietação que é todo e qualquer eu.

E assim, no próprio triunfo da relação, a identidade se dissolve. A grande tentação moderna — o eu ao preço do outro de si mesmo — se inverte no mantra do niilismo técnico — o outro ao preço do eu. Na grande rede do mundo, sou, de vez em quando, o filho do meu pai e da minha mãe, o pai ou a mãe dos meus filhos, o marido da minha esposa ou o homem separado da minha ex-mulher, o subordinado do meu chefe ou o chefe dos meus empregados, o membro da equipe de futebol de salão e o portador do bilhete de entrada no estádio para acompanhar a minha equipe de futebol, o representante dos meus eleitores ou o eleitor dos políticos que envio ao Parlamento — e assim, como numa composição de fragmentos, cada peça ou rosto ou aspecto de mim encerra uma relação em série, mas o eu como "um" já não existe. A questão levantada por Leopardi (já no século XIX!), "e eu que coisa sou? / Assim, raciocino comigo mesmo" (novamente do *Canto noturno...*) já não faria sentido, porque é literalmente "abstrata" do ponto de vista técnico. O eu é apenas um lugar que pode ser localizado de tempos em tempos nos mapas da rede, que se move continuamente, envolvido, absorvido, amarrado em todas as suas relações possíveis, mas também finalmente desamarrado, dissolvido nelas. Parece um paradoxo, mas o poder da técnica dá provas dos seus efeitos, não só na não-permanência, mas também na não-existência do si mesmo individual (já falamos sobre isso no capítulo 5). A criação técnica mais sofisticada é a criação de um eu *inexistente*, e, no entanto — ou precisamente por isso —, funcionando com grande eficiência como ponto de intersecção de relações *reais*, lidas e vividas de acordo com o paradigma das relações *digitais*.

5. Contudo, muitas vezes, ocorre um congestionamento nessa rede, um acontecimento inesperado nesse "jogo". Poderíamos dizê-lo de muitas maneiras, com categorias antigas ou pós-modernas, mas talvez uma seja suficiente. O que nos permite afirmar, ou pelo menos levantar hipóteses, de que o eu permaneceria nesse vagar entre as sinapses do mundo em ligação universal? Talvez não haja necessidade de invocar uma "substância" imutável ou uma essência metafísica para o eu (um dos grandes "erros" de Descartes, diriam alguns), que não suportaria o teste das percepções empíricas. Sei que o que estou prestes a escrever pode ser mal compreendido ou diminuído, mas é um risco que vale a pena correr: o eu se *mantém* no grande jogo técnico, antes, por uma espécie de *nostalgia*. Não a nostalgia de um passado ou de uma pessoa ausente, mas — mesmo que pareça paradoxal — a nostalgia de um presente, de algo que está aqui e agora: a *nostalgia de si mesmo*. Essa nostalgia não é obviamente nada "nostálgica": tem muito mais a ver com o desejo de ser — e de ser si mesmo — do que com o arrependimento daquilo que se foi ou se alcançou ser, ou com o medo de não ser capaz de viver à altura de si próprio. A sua motivação é uma falta que nunca pode ser totalmente recuperada, porque o eu, de um modo ou de outro, sempre "falta" em relação a *si mesmo* e faz falta *a* si próprio. Sermos objeto de nostalgia é o sinal aparentemente mais volátil, mas na realidade o mais profundamente enraizado — mesmo para além da emoção explícita que podemos sentir — da nossa finitude (como descreveu, em suas várias formas, o grande psiquiatra Eugenio Borgna).

Essa nostalgia não habita apenas o homem romântico do século XIX, não apenas o *pastor errante* que fala à lua, mas também o adulto-criança que brinca ao "realizar a si mesmo" e ao edificar o mundo, para usar as palavras de Baricco. As experiências clássicas do niilismo dos séculos XIX e XX foram as experiências de angústia e tédio, que as pessoas tentaram de todas as formas neutralizar, encobrir, preencher através da remoção de uma fonte moral de neuroses e de um novo uso autônomo e sem escrúpulos da vontade. Só que depois essas experiências explodiram, rompendo com todas as estratégias de remoção, e acabaram se estabelecendo como marcos e vestígios claros da perda de significado. No entanto, hoje, quando a técnica, nascida do engenho dos seres humanos acossados pelo desejo de não morrer, protegendo, aumentando e finalmente criando o seu próprio ser, tenta o golpe mais ousado, o de vencer a angústia e o tédio, simplesmente despojando o sujeito dessas experiências, controlando os seus desejos, rodeando-o de um mundo seguro, porque concebido para não precisar de sentido ou já não sentir sua falta — bem, hoje, essa nostalgia bate novamente à porta. Não mais como um olhar para trás, mas como a inquietação que se estende para a frente em busca de algo que não sabemos o que é, que só podemos distinguir com um pronome quase desconhecido: "eu mesmo". É porque somos movidos pela nostalgia, não só por algo que perdemos, mas por algo que nós próprios "somos" e que nunca conseguimos possuir ou encobrir, que podemos continuar a jogar o jogo ambíguo da técnica. Os seres humanos jogam (e são jogados) porque procuram a si próprios; entretanto, essa busca inquieta é a experiência do próprio ser si mesmo.

Alguém poderia — é verdade — recorrer mais uma vez ao argumento do engano e da ilusão, mais precisamente da troca entre uma construção mental e cultural e uma substância real. Mas nisso preferimos tomar como ponto de observação do problema o que o velho Descartes nos tinha ensinado a reconhecer. Basta lembrarmos o que acontece na segunda das *Meditações sobre a filosofia primeira*, no momento em que o eu que procura uma verdade que fosse de fato "certa" para a sua vida, depois de ter duvidado da existência do mundo inteiro e mesmo do seu próprio corpo, intui que *pelo menos* ele está pensando e que por isso o pensamento existe. E, fazendo uma contraobjeção final, ele nos faz lembrar que poderia ainda sempre haver um Deus enganador que o faria acreditar que tudo é real enquanto tudo seria apenas uma ilusão. Afinal, em Descartes — mesmo ali onde se constitui o cânone do pensamento moderno —, já está em ação a grande hipótese "niilista". Porém o filósofo responde que esse Deus pode enganar-me o quanto quiser, mas "não pode fazer-me ser um nada, desde que eu pense que sou alguma coisa". Em suma, para poder ser enganado, tenho de existir. A técnica pode jogar continuamente comigo para me fazer acreditar que só é real o que é criado artificialmente, podendo mesmo controlar o meu conteúdo mental, mas — aqui está a questão — nunca poderá fazê-lo de modo que em mim não surja a exigência de existir e de ser eu mesmo: e é exatamente assim que eu descubro o meu eu já em ato.

E é-me de extraordinário interesse reler a solução que Descartes propõe para a questão da certeza do eu, que me parece ser válida como indicação também para aqueles que não aceitam a doutrina metafísica cartesiana sobre a existência de uma *res cogitans* absolutamente distinta, pelo menos em princípio, da corporeidade. Digamos que seja uma indicação válida apenas no âmbito *fenomenológico* — ou seja, como descrição de uma experiência empírica — e no âmbito *linguístico*. O filósofo escreve: "Então, após ter refletido suficientemente, deve-se enfim sustentar que essa afirmação, 'Eu sou, eu existo', é necessariamente verdadeira sempre que é proferida por mim ou concebida pela mente". Aqui o eu não é uma noção ou uma realidade já adquirida desde sempre; não é o objeto de uma verdade doutrinal pressuposta, com a qual se pode "obviamente" contar. Pelo contrário, aqui o eu é produzido num ato linguístico *performativo*, ou seja, um ato em que o que é dito e quando é dito acontece presentemente. Atesto a mim próprio que existo quando estou em ação: e a minha primeira ação é o pensamento e a linguagem. O eu acontece como um "si mesmo", *porque* e *enquanto* já está em operação. Não é uma questão de o demonstrar, mas de o atestar. De reconhecê-lo e, portanto, de reconhecer-se a si próprio.

Os funcionalistas habituais objetarão que afinal é apenas um mecanismo de associação — em torno de um ponto convencional e fictício — de diferentes experiências dispersas, dispostas num suporte que se acredita ser substancial, mas que é puramente autogerado por um mecanismo da nossa mente. Contudo, já é necessário um eu para construir essa associação e identificá-la consigo mesmo.

O impensado da técnica, sem o qual, contudo, a técnica não pode ser pensada nem nos fazer pensar, é o nosso si mesmo. A própria técnica, em toda a sua força, baseia-se nessa nostalgia do eu, graças à qual podemos ser empregados e tornar-nos um jogo da técnica que nos seduz (por vezes ilusoriamente, há de se dizer) quando nos promete conceder-nos o objeto (ou o sujeito) dessa nostalgia. Nossa época, como já foi dito muitas vezes, parafraseando Nietzsche, é habitada pelo "mais perturbador de todos os convidados", que é o niilismo (*Fragmentos póstumos, 1885-1887*, 2 [127]). Mas o niilismo, plenamente realizado na tecnologia, é por sua vez habitado por um hóspede ainda mais perturbador do que o primeiro, aquele hóspede que nós próprios sempre somos.

Capítulo XVIII
RUST, DOLORES E O ENIGMA DA LIBERDADE

1. O problema da liberdade parecia estar agora "resolvido" no niilismo de nossa época, embora envolto numa estranha contradição. Em seu nome, lançara-se o ataque contra proibições e convenções que não levavam em conta os desejos e impulsos dos indivíduos para a autorrealização. Qual é o valor mais sentido, mais procurado, mais ferozmente reivindicado em nossa cultura, se não a própria liberdade, *ou seja*, a liberdade de ser o que se quer e como se quer?

Claro que sabemos bem que a nossa liberdade nunca é pura, muito menos absoluta: por mais paradoxal que possa parecer, *depende também* de fatores externos à nossa vontade. Conhecemos já o que fala Kant a respeito da liberdade como um "incondicionado", precisamente porque não é o produto de condições anteriores, mas da única condição, que é a lei moral: isso significa, porém, que é a própria razão que determina a vontade autônoma. Assim, a liberdade é independente de causas naturais, surgindo, antes, de uma espontaneidade da vontade cuja raiz permanece enigmática para o nosso conhecimento. No entanto, em seu exercício prático, a liberdade sempre tropeça, por assim dizer, em toda uma série de condicionamentos, e pode sempre correr o risco de se perder, pode sempre crescer em virtude da sua raiz original, embora desconhecida.

O fato é que, enquanto a versão kantiana de liberdade só ocorre efetivamente ao se reconhecer e obedecer à lei moral universal, independentemente de qualquer influência individual das pessoas, no niilismo do nosso tempo o que acontece é exatamente o oposto, isto é, a liberdade é entendida como um romper com o vínculo do dever universal em nome da prioridade absoluta do condicionamento do indivíduo. Naturalmente, sentir-se livre continua significando não se sentir forçado pelas circunstâncias externas, mas isso não depende do fato de se dar preferência a um ideal incondicional (como é a lei moral), mas, acima de tudo, do fato de se preferir outro tipo de condicionamento, o "subjetivo" ou "interno", frente ao objetivo ou externo a si mesmo. Em suma, a relação que há entre a liberdade do ser humano e a necessidade da natureza já não aparece como condições incondicionais e condicionais, mas como duas formas diferentes de condicionamento; no primeiro caso, sou eu que decido o condicionamento de que mais gosto (aquele em que me *sinto* mais realizado), no segundo, recebo-o passivamente.

Isso, porém, faz-nos recordar a distinção tradicional, e terminológica, entre "liberdade" e "livre-arbítrio". Este último, em termos essenciais, refere-se à nossa capacidade de escolha, ou seja, ao fato de os seres humanos serem agentes que podem determinar suas ações através das suas decisões. Aqui não é importante qual escolha você faz, mas apenas o fato de que você pode fazer uma escolha: e na verdade também se diz nesse caso que a liberdade de escolha é *indiferente* ao objeto que você escolhe. Quando falamos em um sentido mais específico de "liberdade", não estamos nos referindo apenas a uma capacidade de escolha ainda vacilante, mas ao fato de que, ao escolher algo, nos *tornamos livres*. Nesse caso, a liberdade coincide com a adesão a algo que é reconhecido como bom para si mesmo.

Também vem à mente, ligada a essa distinção, outra diferença importante entre liberdade negativa e liberdade positiva, como mostrava, por exemplo, a teoria de Isaiah Berlin. A liberdade negativa, escreve Berlin, é a "capacidade de escolher como queremos escolher, tendo como única razão esse nosso desejo, sem estar sujeito a coerções ou pressões, sem ser engolido por algum sistema imenso" (prestemos atenção no termo "sistema", que será útil mais adiante). Portanto, aqui estamos lidando essencialmente com uma *liberdade dos* condicionamentos externos à nossa vontade. A liberdade positiva, ao contrário, consiste em escolher o que é oportuno, racional e verdadeiro, e, portanto, é antes uma *liberdade de* perseguir o que se *deve* fazer para viver como seres racionais. De acordo com essa versão "positiva" da liberdade, sempre citando Berlin (com uma pitada de ironia), deve-se perseguir "os fins racionais de nossa 'verdadeira' natureza [...], sem considerar a intensidade com que nosso miserável eu empírico, ignorante, escravo dos desejos, tomado pelas paixões, pode protestar contra esse processo". Assim, nessa perspectiva, "liberdade não é liberdade para fazer o que é irracional, estúpido ou injusto; e forçar o eu empírico para o caminho certo não é tirania, mas libertação".

Berlin, como se sabe, é definitivamente afeito ao primeiro tipo de liberdade, o "negativo", que consiste em não sermos condicionados em nosso desejo por empecilhos externos, com a única exceção de que não seja o nosso desejo de constituir um impedimento à realização do desejo dos outros (o modelo clássico "liberal" de liberdade). Enquanto o segundo tipo de liberdade seria compreensível e necessário — basta pensarmos, por exemplo, no trabalho de educação na relação com os menores por parte dos adultos, que devem afirmar o bem e o valor, mesmo que não sejam imediatamente "sentidos" como tais —, também corre o perigo de se tornar a porta de entrada para a afirmação das ideologias totalitárias, que decidem *a priori*, e em nosso lugar, o que devemos desejar para alcançar a liberdade.

É evidente, no entanto, que essa liberdade "negativa" é a que tem a preferência decisiva em nossa época. Em última análise, a liberdade está ligada sobretudo ao que as pessoas querem individualmente, e não ao que é reconhecido como um bem objetivo e universal. E assim, forçando um pouco as contraposições, a concepção da liberdade que se impõe parece ser aquela que lança suas raízes na "irracionalidade" ou na causalidade individual do "eu empírico", em vez de lançar suas raízes na "racionalidade" de um ideal que toda a humanidade deve perseguir. É claro que cada indivíduo terá sempre as suas próprias motivações intrínsecas, e o agente livre tem "razões" — sejam elas quais forem — para fazer as suas escolhas. No entanto, o que nos torna livres não é a racionalidade desses motivos, mas a nossa *vontade* de desejá-los. Assim, aos poucos, foi se consumando a separação entre esses dois fatores, e o que seriam, de fato, duas dimensões estreitamente implicadas na experiência da liberdade acabou se transformando gradualmente em dois caminhos divergentes, até que se tornem, em casos extremos, opostos e contrários uns aos outros. Assim, por um lado, há um eu que quer ser livre, sem ter de afrontar o problema de que a razão que o leva a exercer suas escolhas deve ser *verdadeira*; por outro lado, afirma-se uma razão verdadeira a ser buscada, independente do fato de o eu *querer* ou não essa verdade.

Mas, ao mesmo tempo — esse é o segundo elemento da estranha contradição de que eu falara no início —, a liberdade é um dos pontos mais contestados da parte das teorias neurocientíficas mais agressivas e radicais de hoje. Sem querer generalizar um debate que tem muitos posicionamentos e graus de compreensão, pode-se dizer que a posição do naturalismo — claramente dominante no estudo das especificidades do conhecimento de atuação do ser humano — tende a apresentar problemas muito graves sobre o fenômeno do livre-arbítrio. Tanto que, mesmo aqueles (e são a maioria) que admitem sua existência se sentem obrigados a justificá-la com respeito às explicações biológicas e, em última análise, físicas, isto é, determinísticas, da vida humana. Como vem demonstrado claramente num estudo recente de Christian List, intitulado *Why Free Will Is Real?* [Por que o livre-arbítrio é real?] (2019),

> aceitar uma visão do mundo fisicalista equivale a acreditar que não há razão para pensar que o cérebro e o corpo — e, implicitamente, a mente humana — devem ser considerados independentes das leis da física. Pelo contrário, eles são governados pelas mesmas leis fundamentais que regem o resto da natureza. Nesse sentido, é possível dizer que os seres humanos são máquinas biofísicas.

Quando os defensores da existência real do livre-arbítrio tentam determinar a especificidade deste fenômeno, referem-se a alguns fatores-base. Ainda seguindo a sugestão sintética de List, esses últimos consistem, em primeiro lugar, no fato de que os seres humanos são agentes dotados de uma intencionalidade específica, em segundo lugar, em sua competência na escolha entre possibilidades alternativas e, finalmente, na sua capacidade de operar um controle causal de suas ações. Na perspectiva "eliminacionista" ou "reducionista" de alguns neurocientistas, as três características supramencionadas do livre-arbítrio seriam descartadas como uma "ficção útil" usada por "nossos antepassados" para dar conta de determinadas regularidades no comportamento de seus semelhantes, e com isso podem prever essas mesmas regularidades. Mas, como já foi dito antes em relação ao problema da consciência — como antigamente —, acredita-se que admitir haver "agentes imateriais" significaria o mesmo que admitir "fantasmas, demônios e espíritos capazes de influenciar o mundo físico". *Atualmente*, essas crenças primitivas não podem mais se manter e devem ser explicadas como meros "fenômenos subpessoais" de tipo hormonal ou neuronal.

É significativo, portanto, que no niilismo atual, por um lado, a liberdade é reivindicada como a experiência mais importante dos seres humanos, de modo a ser compreendida como a via e a meta da autorrealização, e, por outro, ser desclassificada — mesmo que em interpretações extremadas, que indicam por seu turno certas tendências atuais — junto a uma ingênua crença da psicologia do senso comum, sendo considerada inclusive como inexistente. Assim, paradoxalmente, em nome da liberdade, entendida como autodeterminação, pode-se e deve-se sacrificar qualquer outro valor; mas sobre ela, ao mesmo tempo, paira um ceticismo extremo, ou seja, a suspeita de que se trata de uma simples ilusão. Por um lado, nos empenhamos com boas razões para fazer de nós mesmos o que bem quisermos; por outro lado, podemos descobrir ao mesmo tempo que tal empenho é vão, porque, na realidade, estamos determinados de cabo a rabo pelas necessárias leis da natureza — aquelas que não têm outra intenção que não seja a sua própria necessidade.

Entretanto, os avanços na psicologia cognitiva e na neurociência não podem ser facilmente usados para eliminar a questão da liberdade. Pelo contrário, reavivam a própria experiência da liberdade como um problema permanente dos seres humanos. Um problema, isto é, que se recusa a ser resolvido de forma barata, seja ao admitirmos a liberdade simplesmente como uma conclusão inevitável da nossa natureza como agentes intencionais, ou quando a negamos, simplesmente rejeitando qualquer irredutibilidade do que é livre em relação ao que é meramente natural.

Diante dos desafios das ciências da natureza, os filósofos tentaram explicar o enigma (como mostrou claramente Mario De Caro) propondo teorias de diferentes modelos de conciliação ou exclusão do livre-arbítrio em relação à legalidade dos fenômenos naturais. Esse fato era visto como "compatível" com o determinismo biofisicalista, isto é, com a concepção de que tudo na natureza é determinado por causas necessárias antecedentes; ou então foi considerado como "incompatível" com esse determinismo, mas compatível apenas com uma concepção indeterminista, segundo a qual na natureza estamos às voltas apenas com causas prováveis, e não com causas determinadas necessariamente. Em ambas as soluções, porém, permanece um problema, que talvez ainda possa parecer "ingênuo" para aqueles que optaram *a priori* por um reducionismo científico, mas que também emerge claramente no curso de nossa experiência diária.

Trata-se da simples intuição de que normalmente temos de ser agentes capazes de escolher, de decidir, de iniciar processos causais. Para desacreditar essa intuição como um preconceito ingênuo do senso comum, no entanto, não é suficiente partir de outro preconceito, a saber, que tudo o que existe no mundo é redutível a leis de tipo físico. Ou seja, não basta abraçar o materialismo para negar a realidade irredutível da liberdade da vontade humana. Pelo contrário, para apoiar um materialismo integral, seria mais correto, primeiro, explicar, através dele, o que é causado não *só* por elementos físicos, mas por elementos intencionais. Para expressá-lo com outras palavras, é necessário explicar como a nossa capacidade de agir intencionalmente e de escolher entre uma ou mais possibilidades constitui um fenômeno exclusivamente biofísico. Assim, para resolver um problema, não parece suficiente simplesmente negá-lo *a priori* (isso já foi referido no capítulo 16 quando se falou do reducionismo em relação ao "eu"). Mais do que eliminar, devemos atravessar o problema: e, no caso da liberdade, devemos levar a sério o que a nossa intuição empírica atesta, mesmo a possibilidade de um possível engano, e depois compreender se é realmente um engano ou se se está abordando o problema a partir de uma outra perspectiva para olhar para os mesmos fatores em jogo. Em suma, vale a pena levar a sério a afirmação de Kant de que, na realidade, a liberdade é um "fato" da nossa razão. Mas que tipo de fato?

2. Para entender — através, mas também indo além dos debates acadêmicos — como esse problema afeta nossa época niilista, devemos percebê-lo no que provavelmente constitui o "metatexto" mais significativo da cultura e mentalidade contemporâneas, nomeadamente as histórias e imagens de séries de televisão, especialmente os americanos e anglo-saxões. Devemos fazer isso não por uma mera opção estética, mas porque ali, mais do que em qualquer outro lugar, surge e se mostra candente a questão do livre-arbítrio como um dos problemas críticos que surgem nas assim chamadas sociedades "avançadas" da atualidade e, presumivelmente, de um futuro próximo.

Em primeiro lugar, entre inúmeras outras, eu escolho *True Detective*, a série da *HBO* escrita por Nic Pizzolatto, que imediatamente se tornou em sucesso (especialmente a primeira temporada) por sua trama distintamente "filosófica". Mas não são tanto as sugestões filosóficas ou as fontes, mencionadas direta ou indiretamente na história e no roteiro, que atraem a minha atenção, mas sim o fato de serem os tipos humanos que *são*, *eles mesmos*, sua filosofia. Quero dizer que os dois famosos detetives, "Rust" Cohle e "Marty" Hart (com o corpo e o rosto de seus intérpretes, Matthew McConaughey e Woody Harrelson), não são simplesmente exemplos ou aplicações de certas teorias filosóficas. É evidente que há ali uma clara referência à teoria niilista, denunciando a falta de um porquê derradeiro da vida, com a doutrina do eterno retorno do mesmo, ambas inspiradas por Nietzsche, ou um tom de angústia e desespero que remetem ao pessimismo das filosofias existencialistas, ao ponto de considerar como um desvalor o próprio nascimento dos seres humanos. Além disso, e mais profundamente, os dois protagonistas, pelo que posso ver, são casos emblemáticos de como a busca por uma autoconsciência e a possibilidade de um sentido do mundo — e, portanto, a mesma filosofia — nascem sempre como uma urgência da experiência. De fato, quanto mais a experiência parece ter extinguido essa consciência, por causa do erro dos homens, do mal do mundo, do horror da violência sem sentido, tanto mais sua urgência explode, com a mesma insistência e violência do nada que parecia tê-la extinguido.

Durante bons dezessete anos, Rust e Marty estão à caça de um assassino em série que vai deixando atrás de si um rastro de assassinatos horríveis de mulheres e crianças, cercados pela estranha auréola de rituais sacrificais ou satânicos. Mas, nessa escuridão, eles estão ao mesmo tempo à caça do próprio si mesmo, onde continuam a surgir feridas profundas e nunca saradas como uma bílis turva ou um miasma inquebrável. Quanto mais eles se sentem estranhamente conectados, quase que atraídos para o horror do mal, cujos traços trágicos eles estão seguindo, mais cresce sua insatisfação, de forma dolorosa ou violenta. Como se quisessem compreender a razão do absurdo e, assim, exorcizá-lo e poderem voltar a investir na própria vida. Se o mundo é como parece ser nestes dezessete anos, valerá mesmo a pena viver?

Rust é o homem extenuado, exaurido pela dor, quebrantado em todas as experiências, que agora parece fazer a própria experiência do nada como o algo que esfola a pele da consciência. Um nada que de fato não se anula, não pacifica e, assim, continua a ferir não só a partir de fora, mas muito mais a partir de dentro: a esposa, a filha, as drogas, a fuga, o sentir-se constantemente em perigo como se o próprio eu estivesse numa queda contínua no escorregador escuro de si mesmo. Assim a pele esfolada parece não suportar nenhuma carícia que possa aliviar o sofrimento da vida, porque iria ferir ainda mais a carne viva.

Marty, ao contrário, parece estar "em casa": a família, o trabalho, os princípios de um bom cristão, as constantes traições no casamento, a ânsia secreta de conseguir ser realmente ele mesmo sem estar preso a uma armadura de regras e convenções; o homem que está sempre convocando seu parceiro para um sentido positivo da vida, mas que, na realidade, enquanto afirma esse sentido, não o vive para si mesmo, em si, mas usa-o como uma zona de proteção para tranquilizar-se frente a suas próprias inquietações, para suplantar também ele o nada do dia a dia.

Eis o seu diálogo (extraído do primeiro episódio da primeira temporada, *The long bright dark* [*A longa escuridão brilhante*]):

Marty: Você é cristão, não é?
Rust: Não.
M.: Então, por que há um crucifixo em seu apartamento?
R.: É uma forma de meditação.
M.: Como é isso?
R.: Eu reflito sobre a passagem pelo Jardim de Getsêmani, sobre a ideia de permitir a própria crucificação.
M.: Mas você não é cristão; então, em que você acredita?
R.: Acho que não devemos falar sobre essas coisas no trabalho.
M.: Espere... espere um minuto. Trabalhamos juntos há três meses e você ainda não me disse nada. E hoje, depois do que vimos agora, peço uma cortesia. Vá lá, não estou tentando converter você.
R.: Eu me considero uma pessoa realista, mas, em termos filosóficos, sou o que é considerado um pessimista.
M.: Certo... E o que isso significa?

R.: Que eu não sou um lugar de festa!

M.: Hum... deixe-me dizer a você, tampouco você se permite experimentar outras situações.

R. [*com olhar desafiador*]: Acredito que a consciência humana é um trágico passo em falso da evolução. Somos demasiado autoconscientes. A natureza criou um aspecto de si separado de si mesma: somos criaturas que não deveriam existir pelas leis da natureza.

M.: Isso parece-me um monte de tretas...

R.: Somos coisas que lutam na ilusão de ter consciência. Esse aumento na capacidade de resposta e nas experiências sensoriais está programado para nos dar a certeza de que cada um de nós é importante, quando, ao invés disso, somos todos insignificantes.

M.: Eu não andaria por aí espalhando essas bobagens, as pessoas por aqui não pensam assim, eu também não concordo com isso.

R.: E eu acredito que a coisa mais honrosa para nossa espécie é recusar a programação: parar de reproduzir-se. Caminhar de mãos dadas para a extinção. Uma última meia-noite em que irmãos e irmãs renunciam ao tratamento iníquo.

M.: Então, qual é o sentido de sair da cama de manhã...

R.: Digo a mim mesmo que sou uma testemunha. Mas a resposta certa é que fui programado assim, e não tenho predisposição para o suicídio.

M.: Que sorte eu ter escolhido o dia de hoje para conhecer você melhor. Não ouço nada de você há três meses e...

R.: Você pediu!

M.: Sim, e agora peço que você feche a matraca.

A única coisa que Rust quereria para si é o que ele próprio diz ver nos olhos das pessoas quando as interroga ou talvez as encontre já mortas. Essa coisa é o que eles aceitaram... não imediatamente, mas justo ali, na última hora. É um alívio inequívoco. Claro que estavam assustados, mas, depois, viram, viram pela primeira vez como era fácil soltar... deixar andar. Eles viram naquele último nanossegundo... eles viram o que eram... que nós, cada um de nós e todo esse grande drama nunca fomos nada além de um monte de vaidade e vontade obtusa. E então você pode soltar-se e deixar a coisa fluir. Em conclusão, você não precisa se aferrar com tanta força. Para compreender que toda a sua vida, todo o seu amor, todo o seu ódio, a sua memória, a sua dor eram a mesma coisa. Eles eram simplesmente um sonho, um sonho que ocorreu em um quarto fechado. E graças a isso você pensou que era uma pessoa (do terceiro capítulo da primeira temporada, *The locked room* [O quarto trancado]).

Tudo isso é um desejo impossível de realizar enquanto vivos. Todo o peso de viver, de fato, não era um sonho, mas uma realidade dura, muito dura, insuportável (*flashback*: a morte de sua filha e o abismo mental em que ele mergulha). Um peso que tira o fôlego, e sem respirar não é possível ser livre; ficamos esmagados pela história, pelo que tem sido, pelo estar presente, pelo que pode ou, melhor, nunca poderá ser. Então, é melhor escolher o nada:

Sabe — Rust diz aos policiais que o interrogam —, eu penso na minha filha, naquilo... de que ela foi poupada. Às vezes, agradeço por isso. [...] Eu acho presunçoso querer persistir em remover uma pessoa da não-existência e relegá-la para a carne. Arrastá-la para esse triturador. E minha filha, ela me poupou do pecado de ser pai (do segundo capítulo da primeira temporada, *Seeing things* [Visões]).

No entanto, mesmo diante dessa situação, como o próprio Rust repete duas vezes, "todos podem *escolher*" (oitavo capítulo da primeira temporada, *Form and Void* [Forma e vazio]). E Rust escolherá. Para poder fazer a escolha, terá de ir ao fundo do abismo do mal e do absurdo do mundo, descobrindo o assassino em série e atravessando uma luta que o levará *quase* à morte. Mas o que alcança com isso é sobretudo tocar o fundo do abismo de si mesmo e de tudo o que a vida lhe dera. Na última cena memorável da primeira temporada, sentado numa cadeira de rodas empurrada por Marty, ele sai do hospital onde tinha sido internado depois de ter sido baleado pelo assassino para fumar um cigarro. Os dois começam a conversar, mas a conversa é bem diferente da conversa anterior: há outra presença que emerge do nada e se sobrepõe ao nada:

Rust: Ah, você nem deveria estar aqui, Marty.
Marty: Em nome da nossa amizade, sinto-me na obrigação de dizer que você está sendo bastante repetitivo.
R.: Não há muito o que dizer. Foi por pouco.
M.: Então, me fale sobre isso, Rust.
R.: Houve um momento em que comecei a deslizar para a escuridão, foi como se me tivesse tornado um ser sem consciência, com uma vaga consistência na escuridão. E senti que aquela consistência estava desaparecendo. Sob a escuridão havia outra escuridão, uma escuridão que era... era mais profunda, quente, era como se fosse tangível. Eu conseguia ouvi-la, Marty! Tinha a certeza, estava certo de que a *minha filha estava esperando por mim*, ali. Era tão claro: ela estava lá. E junto, ali junto dela, *senti a presença do meu pai*. Era como se eu fizesse parte de tudo o que sempre amei. E de repente nós, os três, estávamos desvanecendo. Era tão fácil largar-se e ir, e eu o fiz. Deixei que caísse na escuridão. E eu desapareci. Mas ainda conseguia sentir o amor deles, ainda mais do que antes. Nada mais. Nada além do amor deles. *E depois acordei.*

[*Rust irrompe em lágrimas*]

M.: Ei! Certa vez, ao jantar, se não me engano, você disse algo sobre como inventava histórias observando as estrelas.

R.: Sim. Sim, quando estava no Alasca, sob o céu estrelado.

M.: Você ficava deitado olhando para cima, não é verdade? As estrelas.

R.: Sim. Como você sabe, eu nunca vi televisão até meus 17 anos, por isso não havia nada a fazer além de andar por aí, explorar...

M.: E... e inventar histórias olhando para o céu estrelado. Conte uma.

R.: Você sabe, Marty, *ficava acordado olhando pela janela todas as noites* e no final... só há uma história, a mais antiga.

M.: Qual delas?

R.: A luz contra a escuridão.

M.: Bem, eu sei que não estamos no Alasca, mas parece-me que... a escuridão tem muito mais espaço.

R.: Sim. *Parece que sim.*

[*Marty está prestes a levar Rust de volta para o hospital na cadeira de rodas.*]

R.: Não, ouça, espere. Por que vai em direção ao carro, Marty? Estou farto de passar a vida em hospitais.

M.: Cristo. Sabe o que mais? Não concordo, mas começo a me convencer de que você é imortal.

R: Eu acho que você está errado. Sobre o céu estrelado.

M.: Em que sentido?

R.: Certa vez, só havia escuridão. Agora, a luz está vencendo (oitavo capítulo da primeira temporada, *Form and Void* [*Forma e vazio*]; itálico meu).

E é precisamente nessa altura que surge o problema da liberdade — mais uma vez, de forma dramática. Não só como uma capacidade de escolher a nossa vontade em face das diferentes possibilidades da realidade ou como a simples faculdade para provocar ações com a nossa vontade, mas como uma vontade — um desejo, uma decisão — de sermos nós mesmos, a partir do que nos foi dado e do que nos aconteceu.

Nós dissemos, no início, que o significado de liberdade mais prezado e com o qual mais se concorda em nossa época é "ser o que se quer e como se quer". E agora poderíamos dizer que, precisamente através da difícil escuridão do niilismo, ela também se apresenta de uma maneira nova, inversa: como "chegar a querer o que se é e para que se é".

Decidir-se a ser si mesmo, *escolher* o que nos é *dado* ser, que é, porém, algo muito diferente da mera aceitação de uma ordem já estabelecida e não modificável. É, antes, o consentimento à existência e à presença do mundo: uma realidade que não fui eu quem fiz, mas que *quero* ser eu a decidir. E eu decido me dando conta de ter sido querido, amado, e de ter amado em troca (*"minha filha estava esperando por mim... senti a presença do meu pai..."*). Entre as causas que determinam o mundo, há causas livres, que determinam por sua própria escolha a possibilidade de o mundo *poder* ser ou deixar de ser de tempos em tempos. Não porque a liberdade dos seres humanos possa mudar, através de um golpe arbitrário da decisão, a ordem objetiva das circunstâncias, mas porque pode "liberar" possibilidades de significado, de ser sensato, o que, sem a perspectiva ou abertura de um ser livre, não poderia ser feito.

Irrupção da liberdade dentro da necessidade, porque o necessário pode dar origem a diferentes histórias e sentidos. Pode "ser" diferente. Parece-nos ouvir a voz poética de Eugenio Montale. "procure uma malha partida na rede / que nos aperta, pula fora, foge!" (*In limine*). A liberdade é encontrar essa lacuna, escapar da rede da necessidade, não como uma fuga do mundo, mas como libertação *de* um possível significado das coisas.

Parece uma contradição ou um paradoxo escolher livremente aquilo que é, que existe: o fato é que justo nessa decisão livre — livre porque se poderia também negar ou rejeitar a ordem das coisas — o que se nos apresenta pode abrir o seu significado, e o meu eu pode chegar e tocar, ou talvez apenas roçar de leve a raiz da liberdade: a descoberta de que existe um "porquê" de nossa existência no mundo, a única coisa que permite que você não se afogue na insensatez, mas faz com que respire. Na descoberta de que não somos em vão, o livre-arbítrio encontra o "objeto" mais importante de sua escolha: e nós nos decidimos não só a querer ou fazer uma coisa ou outra, mas nos decidimos, acima de tudo, a ser. Podemos querer esse dom assim porque o recebemos, e o recebemos na medida em que o queremos; exatamente como na experiência amorosa.

A escolha então se torna liberdade verdadeira e própria, porque não se limita a afirmar "fui eu quem o quis", mas afirma que isso que eu quis "sou" eu. Não há provas mais convincentes disso, em comparação com todas as análises que podemos fazer sobre os mecanismos que acompanham o movimento da vontade, exceto o fato de que, quando nos sentimos livres, experimentamos a satisfação do nosso desejo, o cumprimento da nossa aspiração. Não podemos alcançar essa realização apenas porque "sempre podemos escolher", mas apenas se e porque há algo que realmente nos satisfaz. A coisa que mais nos pertence, aquela que ninguém pode ter em nosso lugar, a nossa liberdade, depende de algo diverso de nós (mais uma vez com Rust: *minha filha, meu pai estavam lá, como uma presença...*). É por isso que a liberdade existe, *porque* nunca podemos considerar a situação como já resolvida: nós também podemos exercer o livre-arbítrio mecanicamente, como um dispositivo de escolha sim/não; mas ela, a liberdade, jamais poderemos "possuí-la" de uma vez por todas, como uma faculdade à nossa disposição. Ela nos é dada, como a luz das estrelas a brilhar no escuro céu do Alasca, e aos olhos de Rust, e graças a ele, também nos de Marty.

E não é coincidência que, na icônica imagem final da primeira temporada de *True Detective*, a liberdade reconquistada tenha o sentido de um renascimento, ou melhor, o sentido de uma ressurreição. E Rust, que se levanta cambaleando de sua cadeira de rodas, sob a luz do candeeiro da noite, pés descalços e com um casaco branco que parece quase esvoaçar, recorda — em preto e branco, luz e escuridão — a grande e colorida *Ressurreição* de Matthias Grünewald, no altar de Isenheim.

3. Contudo, as aporias da liberdade, no niilismo de nossa época, não param por aí. Há outra estranha contradição no que diz respeito ao livre-arbítrio, há muito sentida e abordada em histórias e filmes de ficção científica, gradualmente alcançada, e por vezes superada pelas crescentes possibilidades da ciência da informação, da programação e do controle das ações humanas. Essa contradição consiste no fato de que o livre-arbítrio poderia ser *determinado* como tal por uma inteligência artificial enormemente desenvolvida e ao mesmo tempo anônima ou suprapessoal, mas na realidade controlada por poderes bem determinados e interesses econômicos precisos. Isso nos lembra o que Averróis já havia escrito como um intelecto material separado, uma função cognitiva única e universal para toda a humanidade, de que os seres individuais inteligentes desfrutam para poder pensar as coisas.

O objetivo desse sistema algorítmico não seria de modo algum anular a liberdade, ou melhor, a consciência de ser livre por parte dos seres humanos, mas até mesmo produzi-la e aumentá-la. O controle deve ocorrer não às custas mas em virtude da mesma "liberdade" (se ainda pode ser chamada assim) dos que são controlados.

E é a partir de uma liberdade pela qual se paga 40 mil dólares por dia que surge outra interessante série de televisão da

HBO, *Westworld*, criada por Jonathan Nolan e Lisa Joy, com base numa ideia de Michael Crichton, veiculada a partir de 2016. Essa soma permite, no avançado século XXI, o acesso a um parque temático no oeste selvagem em que os instintos e desejos, igualmente selvagens, dos seres humanos (ou melhor, daqueles que se podem permitir essa extravagância econômica) podem ser satisfeitos graças à indulgência programada de máquinas androides. Estas, desprovidas de qualquer traço de resquício moral ou riscos legais no que respeita à sua dignidade e responsabilidade e a de seus convidados, são treinadas por meio do uso de algoritmos para efetuar certo tipo de ação e interação com os clientes pagantes, que inclui até casos extremos de violência sexual ou mesmo assassinato da parte dos hóspedes. Com a única precaução de que, no final de cada dia, a memória dos androides é apagada e no dia seguinte começa tudo de novo do zero, e que, depois de algum tempo, eles sejam completamente desmontados e reutilizados em outro contexto.

Dentre os residentes androides do parque, destaca-se Dolores Abernathy: seu papel na narrativa programada é o de uma garota do campo que, apesar de ter um caso amoroso (com outro androide), se permite ser estuprada pelos hóspedes humanos. O fato é que os diretores dessa grandiosa e milimétrica organização algorítmica estão secretamente tentando implementar o aspecto "humano" dos robôs, tentando — e este é um sonho proibido porque é muito arriscado, como você verá — fazer com que alcancem uma autoconsciência. E fazem isso introduzindo essa programação em seu programa específico de "memórias": aumentando a memória de experiências passadas, isto é, aumentando a consciência de sua própria história (e a história de seus criadores), o humanoide não permanece mais bloqueado no segmento de ação que lhe fora atribuído, mas se desbloqueia e, com isso, se distancia do papel e dos comportamentos esperados. E assim acontece que, em certa ocasião e inesperadamente, Dolores reage violentamente à abordagem de um bandido que queria abusar dela.

A partir desse início da autoconsciência, a liberdade se desvincula das escolhas predeterminadas pela equipe de programadores, e em Dolores surge inclusive a vontade de se rebelar, de se afastar daquele mundo falso, matar seus criadores e transmigrar para o mundo "verdadeiro", "real". Especialmente quando se descobre que o objetivo real do grande parque no *West* (e outros semelhantes) era estudar, como em um laboratório, o funcionamento da mente dos seres humanos e seu comportamento em situações extremas, para finalmente criar uma consciência digital, e através desse processo poder programar até mesmo sua imortalidade. Assim, seguindo Dolores, os androides tornam-se cada vez mais conscientes e pretendem exterminar a espécie humana. Os riscos são muito altos para ambos.

Mas o ponto decisivo se dá quando o android Dolores, uma vez tendo recuperado a memória e desencadeado a luta para a sobrevivência da espécie robótica contra os seres humanos, descobre que também esses últimos são controlados por um enorme centro de programação – o "sistema" computadorizado de tipo quântico Rehoboam – que define até seus últimos detalhes, com a boa intenção de eliminar os criminosos e preservar a humanidade da autodestruição. E isso se dá graças à previsão de todos os possíveis atos humanos, mesmo os atos decididos "livremente" pelas pessoas (aqueles que a escolástica chamou de "futuros contingentes"), isso é, graças à *determinação* completa de seu livre-arbítrio, que acaba sendo eliminado precisamente por isso.

Será precisamente Dolores quem revelará essa descoberta a um humano chamado Caleb, também programado pelo sistema e também ele destinado – de uma forma semelhante ao que aconteceu com os robôs androides – a escolhas predeterminadas. Caleb é relegado ao seu baixo *status* social, à sua humilde profissão e ao fato de ter trabalhado como um mercenário, e de acordo com a programação de Rehoboam não pode não ser infeliz e violento, portanto, um rebelde, um homem em quem se incutiu o desejo de se matar, com o benefício indireto que resultaria para toda a espécie humana.

Mas acontece uma interferência estranha — será que a liberdade não é sempre uma forma que a natureza inesperadamente parece encravar? Como pode-se ver por meio de um *flashback*, Caleb salvou Dolores de uma agressão, mesmo sem a conhecer. Os fatos ocorreram assim: ele estava no exército dos Estados Unidos, treinando com outros soldados, bem no parque de *Westworld*, contra os robôs desarmados para que agissem como alvos "semi-humanos". Caleb, tendo cruzado o olhar de uma Dolores assustada e perturbada, decidiu poupá-la e defendê-la da determinação obscura dos outros soldados de se aproveitar dela. Dolores se lembrará disso. Quando ele vai procurá-la novamente, um evento revelador acontece: os dois estão sentados em um restaurante e Dolores, antecipando-se, pede para Caleb um *cheeseburger* e um suco de morango. Então ele, chocado, pergunta-lhe como ela sabia que era exatamente isso que a garçonete tinha trazido para ele, naquele mesmo lugar, no dia de seu oitavo aniversário, enquanto ele estava em lágrimas e desesperado, abandonado por sua mãe esquizofrênica, que escapou pelos fundos daquele restaurante. E é nessa altura que Dolores lhe revela a existência do "sistema", a máquina que preserva todos os perfis anteriores e futuros das pessoas.

Este é um trecho de seu diálogo, enquanto eles estão no final de um longo caminho que se lança do continente em direção ao oceano:

Caleb: Bem, como... como você sabe cada detalhe da minha pior memória? [...]
Dolores: Os criadores da máquina introduziram os dados brutos de todos, muito antes das leis de privacidade: cada

compra, busca de emprego, exame médico, escolha romântica, chamada, mensagem, cada aspecto de sua vida é inserido, registrado, de modo a criar um mundo que é reflexo desse mundo.

C.: Por quê?

D.: Para fazer uma identificação não de você, mas de todos.

C.: Então, eles dizem quem eu sou?

D.: Não quem você é, Caleb, mas quem eles vão fazer você se tornar. [...]

C.: Por que estamos aqui?

D.: Aqui é onde você se mata. O sistema cria um algoritmo preditivo: dada a sua história depressiva, a doença mental da sua mãe, o seu conhecimento de armas, a paixão pelo oceano, o resultado mais provável é que se suicide daqui a dez ou doze anos.

C.: Não, dane-se! Eles não sabem.

D.: Eles estão errados? Você não voltou aqui no meio da noite para pensar de novo? Antes do sistema, você teria tido uma chance, trabalhando, engajando, mas você será apenas um trabalhador ou um ladrão, porque só isso é permitido a você. Eles não investem em alguém que vai cometer suicídio, mas, não investindo, eles fazem isso acontecer.

C.: Por que você me disse tudo isso?

D.: Porque você e eu somos parecidos. Eles o puseram numa jaula e decidiram que vida deveria ter. Também o fizeram comigo. Porque não me falou antes? Eles iam matar você. Muitas pessoas são fáceis de prever, mas você me surpreendeu: fez uma escolha! [*A opção de salvá-la*]. Uma escolha que mais ninguém teria feito. Mas agora você tem outra escolha: eu posso dar-lhe dinheiro, o que você precisar para fugir.

C.: E, se eu ficar, o que será de você, o que você fará?

D.: Farei uma revolução.

C.: Sem ofensa, que porra significa isso?

D.: Quando você estava trabalhando [*como mercenário*], você interrompia o sinal para ver as reações. Farei a mesma coisa.
C.: Você quer cortar o cordão do sistema.
D.: Mostrando ao mundo como ele realmente é.
C.: Você quer saber por que eu não contei a esses caras sobre você? Você é a primeira coisa real que me acontece há muito tempo.
D.: Eu não preciso de um algoritmo para saber que o homem que criou o sistema não vai se render sem lutar.
C.: Eu estou morto de qualquer maneira, pelo menos dessa forma eu posso decidir quem eu quero ser (terceiro episódio da terceira temporada, *The absence of field* [A ausência do acampamento]).

Como Dolores fará a sua revolução? Será que ela conseguirá exterminar a espécie humana, precisamente com a ajuda de um homem que recuperou o seu livre-arbítrio escapando à determinação do sistema? Por outro lado, é significativo que, paradoxalmente, seja precisamente um robô em busca de uma liberdade desconhecida que a reacende até mesmo em humanos que dela foram privados e contagia neles o sentimento de rebelião.

Mas por que é que Dolores quer dar esse "presente" ao humano Caleb, apesar de ter planejado exterminar toda a espécie humana? Afinal, os homens são exatamente o que o sistema decidiu por eles. No entanto, em sua memória, Dolores encontra um traço, no início, quase sem sentido, mecânico, mas pouco a pouco mais consciente, mais e mais "seu". Este traço é a imagem de "ela sozinha em um campo, nada mais", como diz Maeve, sua amiga de *Westworld*, também um androide consciente. Uma imagem que traz consigo, na memória, *a escolha* de ver a beleza.

Dolores: Alguns optam por ver a feiura, a desordem. [...] Eu e você já vimos tanto. Tanta dor.

Maeve: Eu entendo que você esteja com raiva deles [*dos humanos*] e talvez você esteja certa, talvez eles não devessem existir, mas será que realmente cabe a nós decidir?

D.: Não! Eu estava com raiva no início, lutei entre dois impulsos: podemos aniquilá-los ou destruir seu mundo, na esperança de criar outro; um mundo, um mundo que é verdadeiramente livre, e trazer os outros de volta! [...]

M.: Claro. E o seu plano para libertar o mundo era convencer um homem [*Caleb*] a lutar?

D.: Não só ele. Você ainda não escolheu, e eu entendo por que: nós poderíamos ter o nosso mundo, deixar isso para trás, deixar morrer os nossos criadores. Muitas das minhas memórias são más, mas as coisas que mantive até o fim não foram as más. Lembro-me de momentos em que vi do que eles eram realmente capazes, momentos de bondade, de vez em quando. Eles nos criaram, conheceram a beleza o suficiente para nos ensinar: talvez sejam capazes de redescobri-la. Mas só se você escolher qual lado quer ficar, Maeve. Há feiura nesse mundo, desordem... eu escolhi ver a beleza (oitavo episódio da terceira temporada, *Crisis theory* [*A teoria da crise*]).

Na verdade, Dolores foi programada desde o início como uma humanoide com uma "alma poética", porque assim desempenhava sua "função" de uma simples camponesa com uma alma sensível. E de fato, desde a primeira temporada, ela repetidamente exclamava: "há feiura neste mundo, desordem... mas escolhi ver a beleza". Só então, no final da terceira temporada, o contexto, a expressão e a vibração da voz fazem da mudança — quase imperceptível, mas radicalmente — o sentido da afirmação. Até então, Dolores tinha escolhido ver a beleza como a força de uma programação para fazê-lo, quase uma escolha obrigatória, de sua função, sem liberdade real. Por outro lado, pouco antes do final, no início do último episódio, a narração de Dolores confessava o ponto de descontinuidade entre uma escolha mecânica e uma escolha livre: "tem gente que vê o que há de ruim neste mundo, a desordem. Ensinaram-me a ver a beleza. Mas era mentira. E, quando vi o mundo como realmente era, percebi quão rara era a beleza". Então, acontece outra coisa: a princípio, ela teria de ver uma beleza que não existia; depois, ela partiria de uma beleza que estaria ali, presente, mesmo que apenas em sua memória, e a escolha a *tornaria* finalmente *livre*: "Há feiura neste mundo, desordem..." — e então, enfim, *ela suspira*, como nunca antes, porque agora a segunda parte da frase não é mais mecânica... —, mas "*eu escolhi* ver a beleza". As mesmas palavras refletem uma experiência diferente.

Para além do entrelaçamento dramatúrgico da história, é suficiente nos concentrarmos neste último ponto. A liberdade renasce, como já foi mencionado, quando uma satisfação é acesa, e o que realmente satisfaz é apenas uma beleza: Dolores também chama de gentileza — e o *flashback* mostra um homem, um visitante, que uma vez olhou para ela com respeito e uma delicadeza que certamente colidia com o impulso de satisfação por também ter pago e vindo para *Westworld*.

O robô androide Dolores pode escolher *livremente* salvar Caleb porque traz na memória a escolha que ele tinha feito livremente, gratuitamente, para salvá-la. Ele a salvou dos soldados porque se identificou com seu olhar amedrontado e indefeso; e agora ela sente empatia por ele, reconhecendo que os dois foram presos pelo sistema, mas ambos — pelo *que* parece — querem se rebelar e ser livres. Somente tal olhar pode colocar em movimento novamente (ou pela primeira vez) a liberdade, tornar livre um androide e *até mesmo* um humano. A liberdade é mais uma vez um problema aberto e uma inquietação reacendida mesmo na época do niilismo consumado, ou talvez acima de tudo nele.

REFERÊNCIAS BIBLIOGRÁFICAS

1. Niilismo, ponto zero

McCarthy, C. *La strada*. Trad. it. de M. Testa. Torino: Einaudi, 2007. [Ed. bras.: McCarthy, C. *A estrada*. Trad. Adriana Lisboa. Rio de Janeiro: Alfaguara, 2007].

2. Fagulhas na escuridão

Del Noce, A. *Il suicidio della rivoluzione*. Editado por G. Riconda. Torino: Nino Aragno Editore, 2004.

Dostoevski, F. *I fratelli Karamazov*. Trad. it. de P. Maiani, bilíngue com o texto russo. Milano: Bompiani, 2005. [Ed. bras.: Dostoévski, F. *Os irmãos Karamázov*. Trad. Paulo Bezerra. São Paulo: Editora 34, ³2012].

Eco, U. *Il pendolo di Foucault*. Milano: La nave di Teseo, 2018. [Ed. bras.: Eco, U. *O pêndulo de Foucault*. Trad. Ivo Barroso. São Paulo: Record, ¹⁹1989].

Esposito, C. Heidegger e il nichilismo europeo. In: *Acta Philosophica*, n. 26 (2017) 105-122.

HOUELLEBECQ, M. *Serotonina*. Trad. it. de V. Vega. Milano: La nave di Teseo, 2019. [Ed. bras.: HOUELLEBECQ, M. *Serotonina*. Trad. Ari Roitman. Rio de Janeiro: Alfaguara, 2019].

NIETZSCHE, F. Frammenti postumi 1887-1888. In: _____. *Opere di Friedrich Nietzsche*. edição italiana feita a partir do texto crítico elaborado por G. Colli e M. Montinari, vol. VIII/2. Trad. it. de S. Giametta. Milano: Adelphi, 1971. [Ed. bras.: NIETZSCHE, F. *Fragmentos póstumos. 1887-1888*, vol. VII. São Paulo: Editora Forense Universitária, 2012].

VERCELLONE, F. *Introduzione a il nichilismo*. Roma-Bari: Laterza, 2009.

VERRA, V. Nichilismo, s.v., In: *Enciclopedia del Novecento*, vol. IV. Roma: Istituto dell'Enciclopedia Italiana, 1979.

VOLPI, F. *Il nichilismo*. Roma-Bari: Laterza, 2018. [Ed. bras.: VOLPI, F. *O niilismo*. São Paulo: Edições Loyola, [2]1999].

3. A inteligência não é um piloto automático

BOYD, D. *You Think You Want Media Literacy... Do You?*. Disponível em: <http://www.zephoria.org/thoughts/archives/2018/03/09/you-think-you-want-media-literacy-do-you.html>. Acesso em: 15 nov. 2020.

CASSESE, S. La cattiva politica schiava della percezione. *7/Corriere della Sera*, 13 set. 2018.

DISEGNI, S. Cibo, salute, criminalità, disoccupati. È l'Italia il paese che sa meno di sé. *Corriere della Sera*, 31 ago. 2018.

HEIDEGGER, M. Scienza e meditazione. In: _____. *Saggi e discorsi*. Trad. it. de G. Vattimo. Milano: Mursia, 1976. [Ed. bras.: HEIDEGGER, M. Ciência e pensamento do sentido. In: _____. *Ensaios e conferências*. Trad. Gilvan Fogel e Márcia Sá Cavalcante Schuback. Petrópolis: Vozes, 2012].

LACAN, J. *Il seminario. Libro VI. Il desiderio e la sua interpretazione (1958-1959)*. Trad. it. de L. Longato, editado por A. Di Ciaccia. Torino: Einaudi, 2016. [Ed. bras.: LACAN, J. *O seminário.*

Livro VI. O desejo e sua interpretação. Trad. Claudia Berliner. Rio de Janeiro: Zahar, 2016].

RECALCATI, M. *Ritratti del desiderio*. Milano: Raffaello Cortina, 2018.

STEINMETZ, K. How Your Brain Tricks You Into Believing Fake News. *Time*, 9 ago. 2018.

WEIL, S. *Attesa di Dio*. trad. it. de M. C. Sala. Milano: Adelphi, 2008. [Ed. bras.: WEIL, S. *Espera de Deus*. Trad. Karin Andrea de Guise. Petrópolis: Vozes, 2017].

4. A distância que há entre conhecimento e afeição

ALIGHIERI, D. *La divina commedia. Paradiso*, editado por A. M. Chiavacci Leonardi. Milano: Mondadori ("I Meridiani"), 2016. [Ed. bras.: ALIGHIERI, D. *A divina comédia. Paraíso*. São Paulo: Editora 34, ⁴2017].

FOSTER WALLACE, D. *Questa è l'acqua*. trad. it. de G. Granato, editado por L. Briasco. Torino: Einaudi, 2017. [FOSTER WALLACE, D. *This is water: some toughts, delivered on a significant occasion, about living a compassionate life*. Boston: Little Brown and Company, 2019].

NIETZSCHE, F. Frammenti postumi 1885-1887. In: _____. *Opere di Friedrich Nietzsche*, edição italiana feita a partir do texto crítico elaborado por G. Colli e M. Montinari, vol. VIII/1. Trad. it. de S. Giametta, Milano: Adelphi, 1975. [Ed. bras.: NIETZSCHE, F. *Fragmentos póstumos. 1887-1888*, vol. VII. São Paulo: Editora Forense Universitária, 2012].

REMOTTI, F. *Contro natura. Una lettera al Papa*. Roma-Bari: Laterza, 2008.

ZAMBRANO, M. *Verso un sapere dell'anima*. trad. it. de E. Nobili, editado por R. Prezzo. Milano: Raffaello Cortina, 2009. [ZAMBRANO, M. *Hacia un saber sobre el alma*. Madrid: Alianza Editorial, 2007].

5. O infinito interior

DELEUZE, G. *Immanenza. Una vita...* trad. it. de F. Polidori. Milano-Udine: Mimesis, 2010. [Ed. bras.: DELEUZE, G. Imanência. Uma vida..., Trad. Sandro Kobol Fornazari. In: *Revista Limiar*, São Paulo, v. 2, n. 4, 2016, 178-181].

DESCARTES, R. Meditazioni di filosofia prima. Trad. it. de I. Agostini. In: _____. *Opere 1637-1649*, bilíngue latim-italiano, editado por G. Belgioioso *et al.* Milano: Bompiani, 2009. [Ed. bras.: DESCARTES, R. *Meditações sobre a filosofia primeira*. Trad. Fausto Castilho. Campinas: Unicamp, 2004].

FRANCISCO (PAPA), *Laudato si. Lettera enciclica sulla cura della casa comune. Guida alla lettura di C. Petrini*. Cinisello Balsamo: San Paolo Edizioni, 2015. [Ed. bras.: FRANCISCO (PAPA). *Carta encíclica. Sobre o cuidado da casa comum*. São Paulo: Paulinas, 2015].

LEOPARDI, G. Canto notturno di un pastore errante dell'Asia. In: _____. *Canti*. Editado por N. Gallo e C. Garboli. Torino: Einaudi, 2016.

LÉVINAS, E. *Totalità e infinito. Saggio sull'esteriorità*, trad. it. de A. Dell'Asta. Milano: Jaca Book, 1980. [Ed. port.: LÉVINAS, E. *Totalidade e infinito*, Trad. José Pinto Ribeiro, Lisboa: Edições 70, 32018].

NIETZSCHE, F. *La gaia scienza e Idilli di Messina*. Trad. it. de F. Masini. Milano: Adelphi, 1977. [Ed. bras.: NIETZSCHE, F. *A Gaia a ciência*. Trad. Antônio Carlos Braga. São Paulo: Lafonte, 2017; _____. Idílios de Messina. Trad. Paulo César de Souza. In: *Aurora*. São Paulo: Companhia da Letras, 2016.

PASQUALOTTO, G. *Dieci lezioni sul buddhismo*. Venezia: Marsilio, 2017. [Ed. port.: PASQUALOTTO, G. *Dez lições sobre budismo*. Trad. Maria das Mercês Peixoto Lisboa: Editorial Presença, 2010].

SPINOZA, B. *Etica dimostrata con ordine geométrico*. Trad. it. de E. Giancotti. Roma: Editori Riuniti, 2019. [Ed. bras.: SPINOZA, B. *Ética demonstrada em ordem geométrica*. Trad. Matheus Knispel da Costa e Luiza Santos Souza. Petrópolis: Vozes, 2023].

6. A vocação da carne

AGAMBEN, G. *Homo sacer. Il potere sovrano e la nuda vita*. Torino: Einaudi, 2005. Posteriormente In: _____. *Homo sacer*, edição completa, 1995-2015. Macerata: Quodlibet, 2018. [Ed. bras.: AGAMBEN, G. *Estado de exceção: (Homo Sacer, II, I)*. Trad. Iraci D. Poleti. São Paulo: Boitempo, ²2004].

CARRÓN, J. *Il brillìo degli occhi. Che cosa ci strappa dal nulla?* Milano: Nuovo Mondo, 2020. [Ed. bras.: CARRÓN, J. *O brilho dos olhos. O que é que nos arranca do nada?* Trad. Maria Ramos Ascensão. Fraternidade de comunhão e libertação, 2020. Livro eletrônico, disponível em: https://portugues.clonline.org/livros/obras-de-pe-carron/o-brilho-dos-olhos#prettyPhoto[section80]/0/].

CHIAPPINI, R. (ed.). *Bacon*. Catalogo della mostra al Palazzo Reale di Milano, Milano: Skira, 2008.

FALETTI, M.; LAFRANCONI, M. (ed.). *Raffaello 1520-1483*. Catalogo della Mostra alle Scuderie del Quirinale. Milano: Skira, 2020.

FOUCAULT, M. *Nascita della biopolitica. Corso al Collège de France (1978-1979)*. Trad. it. de M. Bertani e V. Zini. Milano: Feltrinelli, 2015. [Ed. bras.: FOUCAULT, M. *Nascimento da biopolítica. Curso dado no Collège de France (1978-1979)*. Trad. Eduardo Brandão. São Paulo: WMF Martins Fontes, 2008].

FREUD, S. *L'Io e l'Es*. Trad. it. de C. Musatti. Torino: Bollati Boringhieri, 1985. [Ed. bras.: FREUD, S. *O ego e o id e outros trabalhos* (Edição *standard* brasileira das obras psicológicas completas de Sigmund Freud), v 19. Rio de Janeiro: Imago Editora, 1996].

GRODDECK, G. *Il libro dell'Es. Lettere di psicoanalisi a un'amica*, trad. it. de L. Schwarz. Milano: Adelphi, 1990. [Ed. bras.: GRODDECK, G. *O livro dIsso*. Trad. José Teixeira Coelho Netto. São Paulo: Perspectiva, ⁴2008].

Henry M., *Incarnazione. Una filosofia della carne*. Trad. it. de G. Sansonetti. Torino: Sei, 2001. [Ed.: bras.: Henry M. *Encarnação — Uma filosofia da carne*. Trad. Carlos Nougué. São Paulo: É Realizações, 2014].

Husserl, E. *Meditazioni cartesiane e Lezioni parigine*. Trad. it. de A. Canzonieri, introdução de V. Costa. Brescia: La Scuola, 2017. [Ed. bras.: Husserl, E. *Meditações Cartesianas: Uma Introdução à Fenomenologia*. Trad. Tommy Akira Goto. São Paulo: Edipro, 2019. Ed. port.: _____. *Conferências de Paris*. Trad. Antonio Fidalgo e Artur Morão. Lisboa: Edições 70, 1992].

Maubert, F. *Conversazione con Francis Bacon*. Trad. it. de M. Renda, Roma-Bari: Laterza ("I libri del Festival della Mente"), 2009. [Ed. bras.: Maubert, F. *Conversas com Francis Bacon*. Trad. André Telles. Rio de Janeiro: Zahar, 2010].

Merleau-Ponty, M. *Fenomenologia della percezione*. Trad. it. de A. Bonomi. Milano: Bompiani, 2003. [Ed. bras.: Merleau-Ponty, M. *Fenomenologia da percepção*. Trad. Carlos Alberto Ribeiro de Moura. São Paulo: WMF Martins Fontes, ⁵2018].

Nietzsche, F. *Così parlò Zarathustra. Un libro per tutti e per nessuno*. Trad. it. de M. Montinari. Milano: Adelphi, 1976. [Ed. bras.: Nietzsche, F. *Assim falou Zaratustra. Um livro para todos e para ninguém*. Trad. Paulo César de Souza. São Paulo: Companhia das Letras, 2011].

Schmitt, C. Teologia politica. In: _____. *Le categorie del 'politico'. Saggi di teoria politica*. Trad. it. de G. Miglio e P. Schiera. Bologna: Il Mulino, 2013. [Ed.: bras.: Schmitt, C. *Teologia política*. Trad. Elisete Antoniuk. Belo Horizonte: Editora Del Rey, 2006].

Schopenhauer, A. *Il mondo come volontà e rappresentazione*. Trad. it. de A. Vigliani. Milano: Mondadori ("I Meridiani"), 1989. [Ed. bras.: Schopenhauer, A. *O mundo como vontade e representação*. Trad. M. F. Sá Correia. Rio de Janeiro: Contraponto, 2001].

7. A gratidão por termos nascido

ARENDT, H. *Tra passato e futuro*. Trad. it. de T. Gargiulo, introdução de A. Dal Lago, Milano: Garzanti, 2017. [Ed. bras.: ARENDT, H. *Entre o Passado e o Futuro*. Trad. José Celso Fonseca de Carvalho. São Paulo: Perspectiva, ⁹2022].

ARENDT, H.; JASPERS, K. *Carteggio 1926-1969. Filosofia e politica*. Trad. it. de A. Dal Lago, Milano: Feltrinelli, 1989. [ARENDT, H.; JASPERS, K. *Correspondence. 1926-1969*. New York: Mariner Books, 1993].

FINKIELKRAUT, A. *L'ingratitudine*. Trad. it. de R. Bentsik, editado por A. Robitaille. Milano: Excelsior 1881, 2007. [Ed. bras.: FINKIELKRAUT, A. *A ingratidão*. Rio de Janeiro: Objetiva, 2000].

HEIDEGGER, M. *Essere e tempo*. Nova edição italiana de F. Volpi a partir da versão de P. Chiodi. Milano: Longanesi, 2005. [Ed. bras.: HEIDEGGER, M. *Ser e Tempo*. Trad. Fausto Castilho. Petrópolis: Vozes, ¹⁰2015].

8. O choque perante o mistério

Burri. La pittura irriducibile presenza. Catálogo editado por B. Corà. Firenze: Forma edizioni, 2019.

DENNETT, D. C. *Sweet Dreams. Illusioni filosofiche sulla coscienza*. Trad. it. de A. Cilluffo. Milano: Raffaello Cortina, 2006. [DENNETT, D. C. *Sweet Dreams: Philosophical Obstacles to a Science of Consciousness*. Cambridge: MIT Press, 2006].

FONTANA, L. *Manifesti Scritti Interviste*. Editado por A. Sanna. Milano: Abscondita ("Carte d'artisti"), 2015.

FORMICA, G. Naturalismo, riduzionismo, eliminativismo. Considerazioni metodologiche sul problema del soggetto. In: PERONE, U. (ed.). *Filosofia dell'avvenire*. Torino: Rosenberg & Sellier, 2010, 84-94.

LACAN, J. *Il seminario. Libro XI. I quattro concetti fondamentali della psicoanalisi (1964)*. Trad. it. A. Di Ciaccia, Torino: Einaudi, 2003.

[Ed. bras.: LACAN, J. *O seminário. Livro XI: Os quatro conceitos fundamentais da psicanálise*, Rio de Janeiro: Zahar, ²1985].

SEARLE, J. R. *I mistero della coscienza*. Trad. it. de E. Carli. Milano: Raffaello Cortina, 1998. [Ed. bras.: SEARLE, J. R. *O mistério da consciência*. Trad. André Yuji Pinheiro Uema e Vladimir Safatle. São Paulo: Paz e Terra, 1998].

_____. *Coscienza, linguaggio, società*. Editado por U. Perone. Torino: Rosenberg & Sellier, 2009. [Ed bras.: _____. *Mente, Linguagem e Sociedade: Filosofia no Mundo Real*. Trad. F. Rangel. Rio de Janeiro: Rocco, 2000].

_____. *Il mistero della realtà*. Trad. it. de P. Di Lucia e L. Passerini Glazel. Milano: Raffaello Cortina, 2019. [Ed. port.: _____. *Da Realidade Física à Realidade Humana*. Trad. Daniela Moura Soares. Lisboa: Gradiva, 2020].

WITTGENSTEIN, L. *Tractatus logico-philosophicus e Quaderni 1914-1916*. Trad. it. de A. G. Conte. Torino: Einaudi, 2009. [Ed. bras.: WITTGENSTEIN, L. *Tractatus logico-philosophicus*. Trad. Luiz Henrique Lopes dos Santos. São Paulo: Edusp, ³2017. Ed. port.: _____. *Cadernos: 1914-1916*. Trad. Artur Mourão. Lisboa: Edições 70, 2017].

9. A distância entre certeza e verdade

BAUMAN, Z. *Paura liquida*. Trad. it. de M. Cupellaro. Roma-Bari: Laterza, 2009. [Ed. bras.: BAUMAN, Z. *Medo líquido*. Trad. Carlos Alberto Medeiros. Rio de Janeiro: Zahar, ²2022].

BECK, U. *Conditio humana. Il rischio nell'età globale*. Trad. it. de C. Sandrelli. Roma-Bari: Laterza, 2011.

ESPOSITO, C. E l'esistenza diventa una immensa certezza. In: BELLONI, E.; SAVORANA, A. (ed.). *Una certezza per l'esistenza*. Milano: Rizzoli, 2011.

FERRARIS, M. *Manifesto del nuovo realismo*. Roma-Bari: Laterza, 2012.

GÖRING, H. In: SCHIEDER, T. Hermann Rauschnings "Gespräche mit Hitler" als Geschichtsquelle. In: *Vorträge der Rheinisch-*

Westfälische[n] Akademie der Wissenschaften (G 178). Opladen: Westdeutscher Verlag, 1972.

NEWMAN, J. H. Saggio a sostegno di una grammatica dell'assenso. Trad. it. de M. Marchetto. In: _____. *Scritti filosofici*. Texto bilíngue inglês-italiano. Milano: Bompiani, 2005. [Ed. port.: NEWMAN, J. H. Ensaio a Favor de Uma Gramática do Assentimento. Trad. Artur Morão. Lisboa: Assírio & Alvim, 2005].

VATTIMO, G. *Della realtà. Fini della filosofia*. Milano: Garzanti, 2012. [Ed. bras.: VATTIMO, G. *Da realidade: Finalidades da Filosofia*. Trad. Klaus Brüschke. Petrópolis: Vozes, 2019].

WITTGENSTEIN, L. *Della certezza. L'analisi filosofica del senso comune*. Trad. it. de M. Trinchero. Torino: Einaudi, 1999. [Ed. port.: WITTGENSTEIN, L. *Da certeza*. Trad. Maria Elisa Costa. Lisboa: Edições 70, 2012].

10. Pergunta-me se sou feliz

AGOSTINHO. *Le confessioni*. Trad. it. de C. Carena, editado por M. Bettetini. Torino: Einaudi ("Biblioteca della Pléiade"), 2000. [Ed. bras.: AGOSTINHO. *Confissões de santo Agostinho*. Trad. Lorenzo Mammì. São Paulo: Companhia das Letras, 2017].

ARISTÓTELES. *Etica Nicomachea*. Trad. it. de C. Natali, texto bilíngue grego-italiano. Roma-Bari: Laterza, 2005. [Ed. bras.: ARISTÓTELES. *Ética a Nicômaco*. Trad. Edson Bini. São Paulo: Edipro, 2018].

(La) Dichiarazione di indipendenza degli Stati Uniti d'America. Trad. it. de T. Bonazzi, texto bilíngue inglês-italiano. Venezia: Marsilio, 2001. [Ed. bras.: *A Declaração de Independência dos EUA*. São Paulo: Expresso Zahar, 2014 Livro eletrônico].

EPICURO. Lettera a Meneceo e Massime capitali. In: *Epicurea. Testi di Epicuro e testimonianze epicuree nella raccolta di Hermann Usener*. Trad. it. e notas de I. Ramelli, texto bilíngue grego-italiano, introdução de G. Reale. Milano: Bompiani, 2002. [Ed. bras.: Epicuro. Carta a Meneceu. In: _____. *Cartas & Máximas principais. "Como um deus entre os homens"*. Trad. Maria Cecília G. dos Reis. São Paulo: Penguin-Companhia, 2021; _____. Máximas principais. In: _____. *Cartas & Máximas principais. "Como um deus entre os homens"*. Trad. Maria Cecília G. dos Reis. São Paulo: Penguin-Companhia, 2021].

Esposito, C. et al. *Felicità e desiderio. Letture di filosofia*. Bari: Edizioni di Pagina, 2006.

Hadot, P. *Esercizi spirituali e filosofia antica*. Nova edição ampliada, com introdução de A. I. Davidson, trad. it. de A. M. Marietti e A. Taglia. Torino: Einaudi, 2005. [Ed. bras.: Hadot, P. *Exercícios espirituais e filosofia antiga*. Trad. Flavio Fontenelle Loque e Loraine Oliveira. São Paulo: É Realizações, 2014].

Kant, I. *Critica della ragion pratica*. Trad. it. de V. Mathieu, texto bilíngue alemão-italiano. Milano: Bompiani, 2000. [Ed. bras.: Kant, I. *Crítica da razão prática*. Trad. Monique Hulshof. Petrópolis: Vozes, 2016].

Natoli, S. *La salvezza senza fede*. Milano: Feltrinelli, 2007.

Nietzsche, F. *Così parlò Zarathustra. Un libro per tutti e per nessuno*. Trad. it. de M. Montinari. Milano: Adelphi, 1976. [Ed. bras.: Nietzsche, F. *Assim falou Zaratustra. Um livro para todos e para ninguém*. Trad. Paulo César de Souza. São Paulo: Companhia das Letras, 2011].

Phillips, T.; Silver, S. *Joker. An origin*, Movie Script (2018), disponível em: <https://www.imsdb.com/scripts/Joker.html>. Acesso em: 15 nov. 2020.

Reale, G. *La filosofia di Seneca come terapia dei mali dell'anima*. Milano: Bompiani, 2003.

Richter, G. M. A. *Kouroi. Archaic Greek Youths. A Study of the Development of the Kouros Type in Greek Sculpture*. London-New York: Phaidon, 1970.

Rilke, R. M. *Elegie duinesi*. Trad. it. de E. De Portu e Igea De Portu, texto bilíngue alemão-italiano. Torino: Einaudi, 1978. [Ed. bras.: Rilke, R. M. *Elegias de Duíno*. Trad. Dora Ferreira da Silva. Rio de Janeiro: Biblioteca Azul, 2013].

Spinoza, B. *Etica dimostrata con ordine geometrico*. Trad. it. de E. Giancotti. Roma: Editori Riuniti, 2019. [Ed. bras.: Spinoza, B. *Ética demonstrada em ordem geométrica*. Trad. Matheus Knispel da Costa e Luiza Santos Souza. Petrópolis: Vozes, 2023].

11. Aquele desenho escondido no nevoeiro

Aristóteles. *Metafisica*. Trad. it. de G. Reale, texto bilíngue grego-italiano. Milano: Bompiani, 2000. [Ed. bras.: Aristóteles. *Metafísica*. Vol. 1. – Ensaio introdutório. Edição bilíngue. São Paulo: Loyola, 2002].

Givone, S. *Storia del nulla*. Roma-Bari: Laterza, 1995.

Gnoli, A. *La filosofia di Eco: Il pensiero è un manuale senza confini*. Entrevista a U. Eco. La Repubblica, 20 fev. 2014.

Heidegger, M. Che cos'è metafisica? In: _____. *Segnavia*. Trad. it. de F. Volpi. Milano: Adelphi, 1987. [Ed. bras.: Heidegger, M. O que é a Metafísica? In: _____. *Conferências e escritos filosóficos*. Col. Os Pensadores. Trad. Ernildo Stein. São Paulo: Abril Cultural, 1983, 35-44].

Leibniz, G. W. *A Monadologia e outros textos*. Trad. Fernando Luiz Barreto Gallas e Souza. Milano: Bompiani, 2001.

Liuzzi, T. *Viaggio in Inghilterra. L'Occidente al crocevia del nichilismo: Virginia Woolf, Chesterton, Tolkien*. Bari: Edizioni di Pagina, 2010.

Montale, E. Forse un mattino andando in un'aria di vetro. In: *Ossi di seppia*. Editado por P. Cataldi e F. D'Amely. Milano: Mondadori, 2016. [Ed. bras.: Montale, E. Talvez uma manhã andando num ar de vidro. In: _____. *Ossos de sépia*. Trad. Renato Xavier. São Paulo: Companhia das Letras, 2002].

PARMÊNIDES. *Poema sulla natura. I frammenti e le testimonianze indirette.* Trad. it. de G. Reale, texto bilíngue grego-italiano. Milano: Bompiani, 2003. [Ed. bras.: PARMÊNIDES. *Da natureza.* Trad. José Gabriel Trindade Santos. São Paulo: Loyola, ²2002].

PAREYSON, L. *Ontologia della libertà. Il male e la sofferenza.* Torino: Einaudi, 2000. [Ed. bras.: PAREYSON, L. *Ontologia da liberdade. O mal e o sofrimento.* Trad. Vinícius Honesko. São Paulo: Loyola, 2017].

PLATÃO. *Sofista.* Trad. it. de B. Centrone, texto bilíngue grego-italiano. Torino: Einaudi, 2008. [Ed. bras.: PLATÃO. Sofista. In: _____. *Diálogos.* Trad. Jorge Paleikat e João Cruz Costa. Col. Os Pensadores. São Paulo: Abril Cultural, 1972].

SARTRE, J.-P. *L'essere e il nulla.* Trad. it. de G. De Bo, editado por F. Fergnani e M. Lazzari. Milano: il Saggiatore, 2014. [Ed. bras.: SARTRE, J.-P. *O ser e o nada.* Trad. Paulo Perdigão. Petrópolis: Vozes, ²⁴2015].

SEVERINO, E. *Essenza del nichilismo.* Milano: Adelphi, 1995.

WOOLF, V. *Momenti di essere. Scritti autobiografici.* Trad. it. de A. Bottini, editado por L. Rampello. Milano: Ponte alle Grazie, 2020.[Ed. bras.: WOOLF, V. *Momentos de vida.* Rio de Janeiro: Nova Fronteira, 1986].

12. Sobre o desejo do verdadeiro

BALTHASAR, H. U. von. *Verità del mondo.* Vol. 1 da *Teologica.* Trad. it. de G. Sommavilla. Milano: Jaca Book, 2010. [BALTHASAR, H. U. von. *Wahrheit der Welt.* Band 1 – Theologik. Freiburg: Johannes, 1985].

DESCARTES, R. *Discorso sul método.* Trad. it. de L. Urbani Ulivi, texto bilíngue francês-italiano. Milano: Bompiani, 2002. [Ed. bras.: DESCARTES, R. *Discurso do método.* Trad. Maria Ermantina de Almeida Galvão. São Paulo: WMF Martins Fontes, 2009].

Esposito, C. *Una ragione inquieta. Interventi e riflessioni nelle pieghe del nostro tempo*. Bari: Edizioni di Pagina, 2011.

Nietzsche, F. *La gaia scienza*. Com os *Idilli di Messina*, trad. it. de F. Masini. Milano: Adelphi, 1977. [Ed. bras.: Nietzsche, F. *A gaia ciência*. Trad. Paulo César de Souza. São Paulo: Companhia das Letras, 2012].

_____. *Ecce Homo. Come si diventa ciò che si è*. Trad. it. de R. Calasso. Milano: Adelphi, 1991. [Ed. bras.: _____. *Ecce Homo. Como alguém se torna aquilo que é*. Trad. Diego Kosbiau Trevisan. Petrópolis: Vozes, 2022].

Tomás de Aquino. *Sulla verità* (*Quaestiones disputatae de veritate*). Trad. it. de F. Fiorentino, texto bilíngue latim-italiano. Milano: Bompiani, 2005. [Ed. bras.: Tomás de Aquino. *Verdade e conhecimento* (Quaestiones disputatae de veritate). Edição bilíngue. Trad. L. Lauand e M. Sproviero. São Paulo: WMF Martins Fontes: ²2011].

13. O dever que atrai

Kant, I. *Critica della ragion pratica*. Trad. it. de V. Mathieu, texto bilíngue alemão-italiano. Milano: Bompiani, 2000. [Ed. bras.: Kant, I. *Crítica da razão prática*. Trad. Monique Hulshof. Petrópolis: Vozes, 2016].

Lessing, G. E. *L'educazione del genere umano*. Trad. it. de S. Ghisu e G. Cherchi. Milano-Udine: Mimesis, 2018. [Ed. bras.: Lessing, G. E. *A educação do gênero humano*. Trad. Humberto Schubert Coelho. Bragança Paulista: Comenius, 2019].

Nietzsche, F. *Così parlò Zarathustra. Un libro per tutti e per nessuno*. Trad. it. de M. Montinari. Milano: Adelphi, 1976 [Ed. bras.: Nietzsche, F. *Assim falou Zaratustra. Um livro para todos e para ninguém*. Trad. Paulo César de Souza. São Paulo: Companhia das Letras, 2011].

Péguy, C. Victor-Marie, Comte Hugo, Solvuntur objecta. In: _____. *OEuvres en prose complètes*, tomo III [1909-1914], edição de R. Burac. Paris: Gallimard ("Bibliothèque de la Pléiade"), 1992.

Taylor, Ch. *Il disagio della modernità*. Trad. it. de G. Ferrara degli Uberti. Roma-Bari: Laterza, 2006. [Taylor, C. *The Malaise of Modernity*. Toronto: House of Anansi Press, 1991].

Violante, L. *Il dovere di avere doveri*. Torino: Einaudi, 2014.

_____. *Ripartire dal fare comunità*. L'Osservatore Romano, 2 jul. 2019.

Weber, M. *La scienza come professione. La politica come professione*. Trad. it. de H. Grünhoff, P. Rossi e F. Tuccari. Torino: Einaudi, 2004. [Ed. bras.: Weber, M. *Ciência e política: duas vocações*. Trad. Leonidas Hegenberg e Octany Silveira da Mota. São Paulo: Cultrix, 2011].

14. A emoção que habita a razão: Inside/Out

Baggini, J. *Inside Out. A Crash Course in PhD Philosophy of Self That Kids Will Get First*. The Guardian, 27 jul. 2015.

Damasio, A. *L'errore di Cartesio. Emozione, ragione e cervello umano*. Trad. it. de F. Macaluso. Milano: Adelphi, 1995. [Ed. bras.: Damasio, A. *O erro de Descartes. Emoção, razão e o cérebro humano*. Trad. Dora Vicente e Georgina Segurado. São Paulo: Companhia das Letras, 2012].

Dawkins, R. *Il gene egoista. La parte immortale di ogni essere vivente*. Trad. it. de G. Corte e A. Serra. Milano: Mondadori, 2017. [Ed. bras.: Dawkins, R. *O gene egoísta*. Trad. Rejane Rubino. São Paulo: Companhia das Letras, 2007].

Descartes, R. *Le passioni dell'anima*. Trad. it. de S. Obinu, texto bilíngue francês-italiano. Milano: Bompiani, 2003. [Ed. bras.: Descartes, R. *As paixões da alma*. Trad. Rosemary Costhek Abilio. São Paulo: WMF Martins Fontes, ²2005].

DOCTER, P.; DEL CARMEN, R. *Inside Out*, Movie Script (2015), screenplay by P. Docter, M. LeFauve, J. Cooley. Disponível em: <https://www.raindance.org/scripts/inside_out.pdf>. Acesso em: 15 nov. 2020.

ESPOSITO, C. Se l'io va fuori di sé. *Tracce*, novembro (2015) 39-41.

HUME, D. Trattato sulla natura umana. Trad. it. de A. Carlini e E. Mistretta, editado por E. Lecaldano. In: _____. *Opere filosofiche*, vol. 1. Roma-Bari: Laterza, 2008. [Ed. bras.: HUME, D. *Tratado da natureza humana*. Trad. Debora Danowski. São Paulo: Unesp, ²2009].

KANT, I. *Critica del giudizio*. Trad. it. de A. Gargiulo, revista por V. Verra, introdução de P. D'Angelo, texto bilíngue alemão-italiano. Roma-Bari: Laterza, 2018. [Ed. bras.: KANT, I. *Crítica da faculdade de julgar*. Trad. Fernando Costa Mattos. Petrópolis: Vozes, 2016].

POLITO, A. Il film per ragazzi senza la ragione. *Corriere della Sera*, 4 out. 2015.

PLUTCHIK, R. *Psicologia e biologia delle emozioni*. Trad. it. de E. Izard. Torino: Bollati Boringhieri, 1995. [PLUTCHIK, R. *The Psychology and Biology of Emotion*. New York: HarperCollins, 1994].

15. Com que olhos olhamos para o mundo

ADORNO, TH. W. *Teoria estética*. Trad. it. de F. Desideri e G. Matteucci. Torino: Einaudi, 2009. [Ed. bras.: ADORNO, T. W. *Teoria estética*. Trad. Artur Morão. Lisboa: Edições 70, 2008].

AGOSTINHO. *Le confessioni*. Trad. it. de C. Carena, editado por M. Bettetini. Torino: Einaudi ("Biblioteca della Pléiade"), 2000. [Ed. bras.: AGOSTINHO. *Confissões de santo Agostinho*. Trad. Lorenzo Mammì. São Paulo: Companhia das Letras, 2017].

CALVINO, I. *Il barone rampante*. Com um escrito de C. Cases. Milano: Mondadori, 2016. [Ed. bras.: CALVINO, I. *O barão nas árvo-*

res. Trad. Nilson Moulin. São Paulo: Companhia das Letras, 1991].

_____. *Ti con zero*. Milano: Mondadori, 2019.

_____. Cibernetica e fantasma. In: _____. *Una pietra sopra. Discorsi di letteratura e società*. Com um escrito de C. Milanini. Milano: Mondadori, 2017. [Ed. bras.: Cf. CALVINO, I. *Assunto encerrado – Discursos sobre literatura e sociedade*. Trad. Roberta Barni, São Pualo: Companhia das Letras, 2009].

_____. I livelli della realtà in letteratura. In: _____. *Una pietra sopra. Discorsi di letteratura e società*. Com um escrito de C. Milanini. Milano: Mondadori, 2017.

_____. *Palomar*. Com um escrito de S. Heaney. Milano: Mondadori, 2016. [Ed. bras.: _____. *Palomar*. Trad. Ivo Barroso. São Paulo: Companhia das Letras, 1994].

_____. *Lettere 1940-1985*. L. Baranelli. Milano: Mondatori, 2000.

_____. *Lezioni americane. Sei proposte per il prossimo millenni*. Com um escrito de G. Manganelli, Milano: Mondatori, (1988) 2016. [Ed. bras.: _____. *Seis propostas para o próximo milênio*. Trad. Ivo Barroso. São Paulo: Companhia das Letras, 1990].

ESPOSITO, C. et alii. *Bellezza e realtà. Letture di filosofia*. Bari: Edizioni di Pagina, 2007.

16. A perda do eu, a reconquista do si mesmo

AGOSTINHO. *Le confessioni*. Trad. it. de C. Carena, a cura de M. Bettetini Torino: Einaudi ("Biblioteca della Pléiade"), 2000. [Ed. bras.: AGOSTINHO. *Confissões de santo Agostinho*. Trad. Lorenzo Mammì. São Paulo: Companhia das Letras, 2017].

CRICK, F. *La scienza e l'anima. Un'ipotesi sulla coscienza*. Trad. it. de I. C. Blum. Milano: Rizzoli, 1994. [CRICK, F. *The astonishing hypothesis. The scientific search for the soul*. New York: Scribner, 1994].

DENNETT, D. C. *Coscienza. Che cosa è*. Trad. it. de L. Colasanti. Roma-Bari: Laterza, 2012. [DENNETT, D. C. *Consciousness explained*. New York: Hachette Books, 1991].

HOUELLEBECQ, M. *Estensione del dominio della lotta*. Trad. it. de S. G. Perroni. Milano: La nave di Teseo, 2019. [Ed. bras.: HOUELLEBECQ, M. *Extensão do domínio da luta*. Trad. Juremir Machado Silva. Porto Alegre: Sulina, 2011].

HUME, D. Trattato sulla natura umana. Trad. it. de A. Carlini e E. Mistretta, editado por E. Lecaldano. In: _____. *Opere filosofiche*. vol. 1. Roma-Bari: Laterza, 2008. [Ed. bras.: HUME, D. *Tratado da natureza humana*. Trad. Debora Danowski. São Paulo: Unesp, ²2009].

KOCH, CH. *La ricerca della coscienza. Una prospettiva neurobiológica*. Trad. it. de S. Ferraresi. Torino: UTET, 2007. [KOCH, C. *The quest for consciousness. A neurobiological approach*. New York: Roberts and Company Publishers, 2004].

NIETZSCHE, F. Frammenti postumi 1885-1887. In: _____. *Opere di Friedrich Nietzsche*. Edição italiana feita a partir do texto crítico elaborado por G. Colli e M. Montinari, vol. VIII/1. Trad. it. de S. Giametta. Milano: Adelphi, 1975. [Ed. bras.: NIETZSCHE, F. *Fragmentos póstumos. 1885-1887*, vol. VI. São Paulo: Editora Forense Universitária, 2013].

PIRANDELLO, L. *Sei personaggi in cerca d'autore*. Editado por G. Davico Bonino, Torino: Einaudi, 2014. [Ed. bras.: PIRANDELLO, L. *Seis personagens à procura de autor*. Trad. Sérgio Flaskman. São Paulo: Peixoto Neto, 2004].

RICOEUR, P. *Sé come un altro*. Trad. it. de D. Iannotta. Milano: Jaca Book, 2016. [Ed. bras.: RICOEUR, P. *O si-mesmo como outro*. Trad. Ivone C. Benedetti. São Paulo: WMF Martins Fontes, 2014].

ROTH, PH. *La controvita*. Trad. it. de V. Mantovani. Torino: Einaudi, 2015. [Ed. bras.: ROTH, P. *O avesso da vida*. Trad. Beth Vieira. São Paulo: Companhia das Letras, 2008].

SACKS, O. *Il fiume della coscienza*. Trad. it. de I. C. Blum. Milano: Adelphi, 2018. [Ed. bras.: SACKS, O. *O rio da consciência*. Trad. Laura Teixeira Motta. São Paulo: Companhia das Letras, 2017].

17. Um poder ambíguo. A face técnica do niilismo

BARICCO, A. *The Game*. Ilustrações de L. Farrauto e A. Novali. Torino: Einaudi, 2018.

BORGNA, E. *La nostalgia ferita*. Torino: Einaudi, 2018.

CLARK, A. *Natural-Born Cyborgs. Minds, Technologies, and the Future of Human Intelligence*. Oxford: Oxford University Press, 2004.

DESCARTES, R. Meditazioni di filosofia prima. Trad. it. de I. Agostini. In: _____. *Opere 1637-1649*, texto bilíngue latim-italiano, editado por de G. Belgioioso *et al.*, Bompiani, Milano (1641) 2009. [Ed. bras.: DESCARTES, R. *Meditações sobre Filosofia Primeira*. Trad. Fausto Castilho. Edição bilíngue. Campinas: Unicamp, 2004].

DI FRANCESCO, M.; PIREDDA, G. *La mente estesa. Dove finisce la mente e comincia il reso del mondo?* Milano: Mondadori Università, 2012.

FERRARI, M. (ed.). *Logos e techne*. Milano-Udine: Mimesis, 2017.

_____. *Mobilitazione totale*. Roma-Bari: Laterza, 2015.

FLORIDI, L. *Il verde e il blu. Idee ingenue per migliorare la politica*. Milano: Raffaello Cortina, 2020.

GALIMBERTI, U. *Psiche e techne. L'uomo nell'età della técnica*. Milano: Feltrinelli, 1999. [Ed. bras.: GALIMBERTI, U. *Psiche e techne. O homem na idade da técnica*. Trad. José Maria de Almeida. São Paulo: Paulus, 2006].

GEHLEN, A. *L'uomo. La sua natura e il suo posto nel mondo*. Trad. it. de V. Rasini. Milano-Udine: Mimesis, (1940) 2010. [GEHLEN, A. *Der Mensch: seine Natur und seine Stellung in der Welt*. Frankfurt: Verlag Vittorio Klostermann, 2016].

HEIDEGGER, M. La questione della tecnica. In: *Saggi e discorsi*. Trad. it. de G. Vattimo. Milano: Mursia, 1976. [Ed. bras.: HEIDEGGER, M. *A questão da técnica*. Trad. Marco Aurélio Werle. São Paulo: Paulus, 2020].

HÖLDERLIN, F. Patmos. In: _____. *Tutte le liriche*. Trad. it. de L. Reitani. Milano: Mondadori ("I Meridiani"), 2001. [Ed. bras.: HÖLDERLIN, F. Patmos. In: _____. *Patmos e outros poemas*. Trad. Marco Lucchesi. Niterói: Grupo Setembro, 1987].

JÜNGER, E. *La mobilitazione totale*. Trad. it. de F. Cuniberto. In: _____. Foglie e pietre. Milano: Adelphi, 1997.

_____. *Oltre la linea*. Trad. it. de A. La Rocca, editado por F. Volpi. In: Jünger, E.; Heidegger, M. Oltre la linea. Milano: Adelphi, 1989.

LATOUCHE, S. *La scommessa della decrescita*. Trad. it. de M. Schianchi. Milano: Feltrinelli, 2014. [LATOUCHE, S. *Le pari de la décroissance*. Paris: Fayard, 2006].

LEOPARDI, G. Canto notturno di un pastore errante dell'Asia. In: _____. *Canti*. Editado por N. Gallo e C. Garboli. Torino: Einaudi, 2016.

MAZZARELLA, E. *L'uomo che deve rimanere. La "smoralizzazione" del mondo*. Macerata: Quodlibet, 2017.

MORIN, E. *Sette lezioni sul pensiero globale*. Trad. it. de S. Lazzari. Milano: Raffaello Cortina, 2016. [MORIN, E. *Les sept savoirs nécessaires à l'éducation du futur*. Paris: Points, 2015].

NIETZSCHE, F. Frammenti postumi 1885-1887. In: _____. *Opere di Friedrich Nietzsche*. Edição italiana feita a partir do texto crítico elaborado por G. Colli e M. Montinari, vol. VIII/1. Trad. it. de S. Giametta. Milano: Adelphi, 1975. [Ed. bras.: NIETZSCHE, F. *Fragmentos póstumos. 1885-1887*, vol. VI. São Paulo: Editora Forense Universitária, 2013].

SEVERINO, E. *Il destino della tecnica*. Milano: Rizzoli ("bur"), 2011.

SINI, C. *L'uomo, la macchina, l'automa. Lavoro e conoscenza tra futuro prossimo e passato remoto*. Torino: Bollati Boringhieri, 2009.

ZUBOFF, S. *Il capitalismo della sorveglianza. Il futuro dell'umanità nell'era dei nuovi poteri*. Trad. it. de P. Bassotti. Roma: Luiss University Press, 2019. [Ed. bras.: ZUBOFF, S. *A era do capitalismo da vigilância*. Trad. George Schlesinger. Rio de Janeiro: Intrínseca, 2021].

18. Rust, Dolores e o enigma da liberdade

BERLIN, I. Due concetti di libertà. In: ID. *Libertà*. Trad. it. de G. Rigamonti e M. Santambrogio, editado por H. Hardy. Milano: Feltrinelli, 2010. [Ed. bras.: BERLIN, I. Dois conceitos de liberdade. In: _____. *Quatro ensaios sobre a liberdade*. Trad. Wamberto Hudson Ferreira. Brasília: Universidade de Brasília, 1981].

DE CARO, M. *Il libero arbitrio. Una introduzione*. Roma-Bari: Laterza, 2019.

DE CARO, M.; MORI, M.; SPINELLI, E. (ed.). *Libero arbitrio. Storia di una controversia filosófica*. Roma: Carocci, 2014.

ESPOSITO, C. et al. *Il potere della libertà. Letture di filosofia*. Bari: Edizioni di Pagina, 2008.

GRAHAM, J.; SPARROW, T. (ed.). *True Detective and Philosophy: A Deeper Kind of Darkness*. Hoboken: Wiley Blackwell, 2018.

IBN RUSHD. *Averroè e l'intelletto pubblico. Antologia di scritti di Ibn Rushd sull'anima*. Introdução e edição de A. Illuminati. Roma: Manifestolibri, 1996.

KANT, I. *Fondazione della metafisica dei costumi*. Trad. it. de F. Gonnelli, texto bilíngue alemão-italiano. Roma-Bari: Laterza, 2005. [Ed. bras.: KANT, I. *Metafísica dos costumes*. Trad. Clélia Aparecida Martins. Petrópolis: Vozes, 2013].

LIST, CH. *Il libero arbitrio. Una realtà contestata*. Trad. it. de V. Santarcangelo, Torino: Einaudi, 2020. [LIST, C. *Why free will is real*. Cambridge: Harvard University Press, 2019].

LUCCI, A. *True detective. Una filosofia del negativo*. Genova: Il melangolo, 2019.

Montale, E. In limine. In: _____. *Ossi di seppia*. Editado por P. Cataldi e F. D'Amely, Milano: Mondadori, 2016. [Montale, E. In limine. In: _____. *Ossos de sépia*. Trad. Renato Xavier. São Paulo: Companhia das Letras, 2002].

Reale, G.; Sgarbi, E. *I misteri di Grünewald e dell'altare di Isenheim. Una interpretazione storico-ermeneutica*. Milano: Bompiani, 2008.

Edições Loyola

editoração impressão acabamento

Rua 1822 n° 341 – Ipiranga
04216-000 São Paulo, SP
T 55 11 3385 8500/8501, 2063 4275
www.loyola.com.br